ヤバい決算書

長谷川正人

日経ビジネス人文庫

文庫版へのまえがき

本書は2017年4月に刊行した『ヤバい決算書』（単行本）を文庫化したものですが、文庫化にあたり序章を新たに書き下ろしました。

序章は2020年に発生した新型コロナウイルスで大きな影響を受けた8社の最新事例です。

近年、大企業をめぐる「有事」の状況、すなわち「ヤバい」ニュースが増えています。

〈2020年文庫版で序章を書き下ろした時点〉
「新型コロナウイルスの感染拡大後、レナウンが上場企業として初めて破綻」
「コロナの影響で需要が激減したことにより、多くの企業が赤字に転落」

〈2017年単行本を刊行した時点〉
「東芝が、粉飾決算に次いで米原子力事業の巨額損失で債務超過に、相次ぐ事業売却で解体へ」
「三菱商事、三井物産が減損損失で初の連結最終赤字転落」
「排ガス不正、燃費不正を起こしたフォルクスワーゲン、三菱自動車が赤字転落」

本書はこうした急速な経営悪化、粉飾、破綻、経営不振で事業の売却、不祥事、巨額買収など「有事」に直面した企業の決算書、すなわち「ヤバい決算書」の変化・特徴をわかりやすく説明したものです。

本書は、読者の方に次の3点を理解していただくことを目的に書いています。

3点に関わる重要なポイントは、各章の企業の決算書データの図表に吹き出しで説明しています。さらに本文でも解説を加えることで、数字の変化の意味を理解しやすくしています。

①　実際の「有事」における企業の数字の変化を通じて、決算書を読むスキルを身につけること

「有事」に決算書の数字は激変します。何が起きると決算書のどの数字がどう変わるのかということを学ぶのに、これら「有事」の企業は絶好の題材なのです。損益計算書、バランスシート（貸借対照表）、キャッシュフロー計算書のダイナミックな相互関係を理解するために、各章の表ではこれら財務3表の重要データを一覧で掲載し、「有事」の前後における数字の変化に着目した解説を図表の吹き出しおよび本文に加えています。

また必要に応じて、バランスシートやキャッシュフロー計算書の変化をビジュアルに直感的に理解してもらうために、これらを図解しています。

②「有事」の企業に関わるリスクを事前につかむチェックポイントを知ること

優良企業が突然破綻したり経営不振に陥ることはありません。そこには必ず何らかの兆候があります。その兆候はいつごろから決算書のどこに、どのように表れるのかを実際の企業の数字から理解することで、投資家や取引先などはリスクを避けるか減らすことができます。

各章の決算書データ表においては、重大なリスクイベント（コロナによる需要激減、破綻、粉飾発覚、巨額投資・買収など）が発生した決算期には上から黒いラベルをつけ、その前後にどのデータがどのように変化したか吹き出しおよび本文に解説を加えています。これにより、リスクイベントの前にどの指標が「ヤバい」状態の兆候として表れていたかを確認できるようにしています。

③　最近の企業決算で注目されるキーワードの意味を理解すること

最近の企業決算をめぐっては「減損損失」「のれん」「IFRS（国際会計基準）」などのキーワードがよく出てきます。キーワードに関係ある企業の実際の決算書を通じて、これらの意味を理解できるようにしています。

上記3点を通じて読者の方が、これからも続々と出現してくるだろう「有事」の企業のニュースに接したときに、その背景・意味をよく理解して適切な行動（投資判断、取引先の評価や就職先・転職先としての判断など）をとるための助けになれば幸いです。

本書を読んだ後では、「ある企業が1000億円の赤字に転落」というニュースを

見たときの受け止め方も変わってくるはずです。

多くの人は「1000億円の赤字か、あの会社も大変だな」にとどまると思われますが、その1000億円の赤字が営業損失なのか、純損失なのかで意味は変わってきます。

1000億円の純損失だとして、その会社の自己資本の大きさ（自己資本1兆円の会社なのか、1000億円の会社なのか）との相対的な比較をしないと、「1000億円の純損失」の本当の意味は理解できません。本書には、このようなニュースや決算書の意味を読み解くための実践的なノウハウをたくさん盛り込んでいます。

本書に記載の財務データ、様々な情報などは、文庫版で書き下ろした序章についでは2020年8月末までに、また1章以降については単行本を執筆した時点の2017年2月末までに明らかになった各社の決算情報をはじめとした公表情報に基づいて、筆者が解釈・コメントしているものです。**なお1章以降の記述（事実関係、会社名、肩書き等）はすべて、2017年4月の単行本刊行当時のままです。**解釈・コメントはすべて筆者個人として行っており、筆者が所属する機関などの見解を示すものではありません。

本書の執筆に際しては以下を参考文献としています。

『コンサルタントが毎日やっている会計センスの磨き方』（長谷川正人著、日本経済新聞出版）
『決算書で読む ヤバい本業 伸びる副業』（長谷川正人著、日本経済新聞出版）
『モデルで学ぶ有価証券報告書の仕組みと作り方』（新保秀一著、中央経済社）
『財務3表一体理解法』（國貞克則著、朝日新聞社）
『最近の粉飾　第7版』（井端和男著、税務経理協会）
『事件は帳簿で起きている』（前川修満著、ベストセラーズ）
『会計士は見た！』（前川修満著、文藝春秋）
週刊エコノミスト　2016年12月20日号　「粉飾　ダマし方見抜き方」（毎日新聞出版）
『ＩＦＲＳのしくみ〈最新版〉』（あずさ監査法人ＩＦＲＳアドバイザリー室編、中央経済社）

本書では、新型コロナウイルスによる影響を原則「コロナ」もしくは「コロナ禍」と表記しています。

また社名に「ホールディングス」とある場合には原則「ＨＤ」と表記しています。

本書の出版に際しては、日本経済新聞出版の雨宮百子さん、赤木裕介さん、友安啓子さんに最初の企画段階から完成まで大変お世話になりました。この場を借りて厚くお礼を申し上げます。

２０２０年９月

長谷川正人

ヤバい決算書

目次

文庫版へのまえがき 2

序章 コロナで「需要が蒸発」した決算書の衝撃 15

コロナで時価総額が激変 16

レナウン

なぜ世界最大規模だった名門会社は破綻したのか 24

親会社からも見放される 29

HIS
コロナで「消滅」してしまった旅行需要 37
三越伊勢丹HD
かつては小売の王様だった百貨店 46
三井不動産
8年連続で増収増益 54
JR東海
景気変動の影響を受けない優良企業にも異変 64
オリエンタルランド
財務面でも有数のエクセレントカンパニー 72
日本マクドナルドHD
コロナでも業績を伸ばした企業の秘密 83
ヤマトHD
宅配便シェア4割台で首位 93
決算書の見方1 財務3表の関係 102

1章

飛べない航空会社たち
──破綻はこうして忍び寄る　113

日本航空 vs. スカイマーク

日本を代表する航空会社の破綻劇　116
紙くずになった株券　121
「空の暴れん坊」がハマった落とし穴　131
差別化のはずが……新鋭機A330も空振り　137
決算書の見方2　粉飾決算の典型的な手口とチェックポイント　146

2章

嗚呼、黒字倒産！
──「増収増益」にだまされてはいけない　151

アーバンコーポレイション vs. 江守グループ

キャッシュフローで見える「突然死」　154
増収増益とキャッシュフローとの不整合　161
決算書の見方3　会計基準の違い　168

3章
あの投資判断は失敗でした
──減損という隠れリスク 173
三菱商事 vs. 三井物産
「売上」の概念が一般と大きく異なる商社 176
商社業界の序列を変えた減損 186
決算書の見方4─有事の会社はバランスシート、キャッシュフロー計算書に注意を 196

4章
こうして決算書は嘘をつく
──粉飾にだまされるな！ 205
東芝 vs. オリンパス
老舗名門企業、東芝粉飾の衝撃 208
自己資本急減で債務超過の危機 214
やむをえず虎の子を売却 218
社長解任から始まった粉飾決算事件 227
決算書の見方5─リスク情報の開示とチェックポイント 240

5章

企業のリスク、ここで読み解く！ 249

ソフトバンク vs. サントリー

1兆円超の巨額海外買収のリスク 252
投資会社への色彩を強めるソフトバンク 260
サントリー、世界の蒸留酒ランキング3位に 267

フォルクスワーゲン vs. 三菱自動車

自動車メーカー、不正の代償は？ 278
排ガス不正問題の衝撃 289
またか、三菱自動車！ 294

コラム―売上7割減でもヤバくならない任天堂の秘密 312

序章

コロナで「需要が蒸発」した決算書の衝撃

コロナで時価総額が激変

2020年に突如発生したコロナ禍は世界のすべての人の生活、全ての企業の業績に大きな影響を与えています。

コロナによって企業の決算書がどのように影響を受けたかについては、これから個別に8社の決算書の変化を見ていきますが、決算データが事後的に発表されるのは上場企業でも四半期に1回に限られます。

それに対して時価総額（基本、株価と連動）は企業に対する投資家（市場参加者）の将来見通しに基づいて日々変動します。すなわち決算数値が発表される前に「この会社の業績はコロナで大きく落ち込みそう」と多くの投資家が考えれば、決算前でもその企業の株価、ひいては時価総額は大きく減少します。逆も同様です（業績が今後上向きそうなら時価総額は増大する）。

20～21ページの見開き表「コロナ禍前後での時価総額変化」ではコロナで大きな影響（プラスの影響含む）を受けた企業を中心に選んだ91社を12業種に区分して、コロナナ禍前後での時価総額の変化を一覧にして示しています。各業界の最初にグレーにしている企業8社が、このあと序章で決算書データの変化を解説している企業です。

2019年12月末（コロナが事実上認識されていなかった）と2020年6月末の間の半年間に、どの企業の時価総額がどれだけ減少（あるいは増加）したかを見ると、コロナがどの業種のどの企業に大きなマイナス、あるいはプラスの影響を与えたかが如実にわかります。

見開き表の左側の5業種、すなわちアパレル、旅行・ホテル、百貨店・小売、不動産・住宅・建設、鉄道・航空・エネルギーは概ねコロナによって総崩れの様相です。その中でも小売ではニトリHD、パン・パシフィック・インターナショナルHD（ドン・キホーテ）のような勝ち組企業の存在を確認することができます。

見開き表の右側（7業種）はレジャー・エンタメ、外食・居酒屋、宅配・運送・食品・巣ごもり、化粧品・トイレタリー、自動車・自転車、製造業大手、米国IT大手をまとめています。

レジャー・エンタメや外食・居酒屋ではやはり大きく時価総額を減少させた企業が大半ですが、時価総額を伸ばした企業もいくつかあり、**結果、時価総額の逆転現象も**

いくつか起きています。

レジャー・エンタメではこの半年間に任天堂（「あつまれ どうぶつの森」大ヒット）がオリエンタルランド（東京ディズニーリゾートを4カ月間休園）を逆転、自動車・自転車では自転車部品メーカーのシマノが日産自動車を逆転、また米国の電気自動車メーカーのテスラが2・6倍と大きく時価総額を伸ばして日本企業で最大の時価総額をもつトヨタ自動車を逆転などがニュースになりました。

米国ＩＴ大手では他にもズーム（3・8倍）、アマゾン（1・5倍）、ネットフリックス（1・4倍）がコロナ禍での働き方・生活の変化に対応して業績・時価総額を大きく伸ばしていることにはなるほどと思わされます。

日本企業でも宅配便を展開するＳＧ ＨＤ（佐川急便）1・4倍、ヤマトＨＤ（宅急便）1・2倍だけでなく、出前館（2・7倍）、食材の宅配を行うオイシックス・ラ・大地（1・9倍）、メルカリ（1・5倍）などいわゆる「巣ごもり需要」に対応する企業が大きく時価総額を伸ばしたことが確認できます。

これから序章で説明する、コロナで大きな影響を受けた8社（見開き表でグレー）

の順序はある数字の順番で決めています。

この6カ月間の時価総額の減少率の大きい順、すなわち「コロナの影響のヤバい度合いの順」です（7社目の日本マクドナルドHD、8社目のヤマトHDは時価総額が逆に増大）。

企業名	時価総額 2019.12末	時価総額 2020.6末	変化率
レジャー・エンタメ			
オリエンタルランド(東京ディズニーリゾート)	54,117	51,789	95.7%
任天堂	57,894	63,214	109.2%
東京ドーム	1,041	741	71.2%
第一興商(カラオケ)	3,279	1,845	56.3%
RIZAPグループ	1,490	784	52.6%
セントラルスポーツ(フィットネス)	365	258	70.7%
アミューズ(芸能プロ・ライブ)	560	410	73.2%
エイベックス(音楽・ライブ)	569	385	67.7%
東宝(傘下にTOHOシネマズ)	8,589	7,263	84.6%
外食・居酒屋			
日本マクドナルドHD	6,967	7,738	111.1%
モスフードサービス	965	952	98.7%
吉野家HD	1,890	1,449	76.7%
ゼンショーHD（すき家、なか卯、ココス）	3,752	3,369	89.8%
すかいらーくHD（ガスト、バーミヤン、ジョナサン）	4,216	3,379	80.1%
ペッパーフードサービス(いきなり!ステーキ)	265	123	46.4%
コロワイド(牛角、甘太郎、かっぱ寿司)	1,702	1,105	64.9%
ワタミ	540	396	73.3%
SFP HD（磯丸水産、鳥良）	615	401	65.2%
宅配・運送・食品・巣ごもり			
ヤマトHD	7,679	9,584	124.8%
SG HD（佐川急便）	7,876	11,270	143.1%
日本通運	6,291	5,356	85.1%
出前館	500	1,338	267.6%
オイシックス・ラ・大地(食材宅配)	415	800	192.8%
日清食品HD	8,582	10,094	117.6%
メルカリ	3,436	5,199	151.3%
化粧品・トイレタリー			
資生堂	31,128	27,340	87.8%
コーセー	9,694	7,852	81.0%
ユニ・チャーム	22,970	27,440	119.5%
ライオン	6,356	7,738	121.7%
花王(傘下にカネボウ化粧品)	43,500	41,162	94.6%
自動車・自転車			
トヨタ自動車	251,707	220,643	87.7%
ホンダ	56,136	49,913	88.9%
日産自動車	26,848	16,849	62.8%
シマノ(自転車部品)	16,476	19,239	116.8%
製造業大手			
日本製鉄	15,718	9,631	61.3%
日立製作所	44,746	32,937	73.6%
キヤノン	39,832	28,469	71.5%
三菱重工業	14,331	8,579	59.9%
米国IT大手			注．１ドル108円(2020.6末)
アルファベット(グーグル持株会社)	9,229	9,664	104.7%
アップル	13,047	15,811	121.2%
フェイスブック	5,853	6,469	110.5%
アマゾン・ドット・コム	9,161	13,760	150.2%
マイクロソフト	12,030	15,433	128.3%
ネットフリックス	1,418	2,001	141.1%
ズーム・ビデオ・コミュニケーションズ	188	715	380.3%
テスラ(電気自動車)	754	2,002	265.5%

出所)SPEEDAより作成

コロナ禍前後での時価総額変化

単位：億円（日本企業）、億ドル（米国企業）
企業名カッコ内は主要ブランド、事業等

企業名	時価総額 2019.12末	時価総額 2020.6末	変化率
アパレル			
レナウン(注)	112	0(4)	0.0%(3.6%)
オンワードHD	1,029	502	48.8%
ファーストリテイリング(ユニクロ、GU)	68,947	65,447	94.9%
しまむら	3,071	2,694	87.7%
ワークマン	8,340	7,750	92.9%
ZOZO	6,504	7,467	114.8%
ユナイテッドアローズ	933	550	58.9%
ワールド	925	563	60.9%
青山商事	774	368	47.5%
AOKI　HD	1,025	565	55.1%

注．レナウンのカッコ内は6/15上場最終日

企業名	時価総額 2019.12末	時価総額 2020.6末	変化率
旅行・ホテル			
HIS（傘下にハウステンボス）	2,148	1,093	50.9%
KNT-CT　HD（近畿日本ツーリスト、クラブツーリズム）	404	271	67.1%
帝国ホテル	1,175	1,054	89.7%
藤田観光(ワシントンホテル)	344	207	60.2%
百貨店・小売			
三越伊勢丹 HD	3,896	2,448	62.8%
高島屋	2,182	1,599	73.3%
J.フロント リテイリング(大丸松坂屋、パルコ)	4,139	1,942	46.9%
H2O リテイリング(阪神阪急百貨店)	1,536	901	58.7%
近鉄百貨店	1,562	1,225	78.4%
ニトリHD	19,712	24,176	122.6%
パン・パシフィック・インターナショナルHD(ドン・キホーテ)	11,475	15,017	130.9%
イオン	19,666	21,841	111.1%
セブン＆アイHD	35,484	31,202	87.9%
キャンドゥ	275	349	126.9%
いなげや	785	884	112.6%
良品計画(無印良品)	7,176	4,281	59.7%
ローソン	6,208	5,426	87.4%
ファミリーマート	13,304	9,371	70.4%
楽天	13,413	13,599	101.4%
不動産・住宅・建設			
三井不動産	26,165	18,698	71.5%
三菱地所	29,068	22,296	76.7%
住友不動産	18,148	14,106	77.7%
大和ハウス工業	22,585	16,935	75.0%
積水ハウス	16,117	14,053	87.2%
大成建設	10,205	8,802	86.3%
清水建設	8,799	6,978	79.3%
鉄道・航空・エネルギー			
JR東海	45,320	34,381	75.9%
JR東日本	37,256	28,246	75.8%
JR西日本	18,063	11,568	64.0%
東急(鉄道、不動産、小売など)	12,616	9,479	75.1%
近鉄グループHD（鉄道、ホテル・レジャーなど）	11,287	9,237	81.8%
日本航空	11,658	6,547	56.2%
ANA HD	12,692	8,541	67.3%
ENEOS HD	16,083	12,339	76.7%
東京電力HD	7,504	5,319	70.9%

レナウン

コロナ禍前後での時価総額の変化

2019年12月末		2020年6月末
112億円	減少率 ▲100% (▲96.4%)	0億円（4億円）

（注）この間の日経平均株価は▲5.8%下落
カッコ内は6月15日上場最終日のデータ（6月16日上場廃止）

業務内容

【アパレル名門。2020年5月民事再生】

1990年代には世界最大級のアパレル企業。

主要ブランドにダーバン（メンズ）、アクアスキュータム（メンズ、レディス）、アーノルドパーマータイムレス（カジュアル）、シンプルライフ（カジュアル）、エンスウィート（レディス）、インターメッツォ（メンズ）など。

単体ベースの販路は百貨店55.4%、GMS16.0%、SC11.3%、アウトレット4.7%、EC・通販3.2%と百貨店依存度が高い（2019年12月期）。
＜売上構成＞：単一事業セグメントのため売上構成比の開示はないが、売上の大きいブランドは以下。メンズ：ダーバン、エレメントオブシンプルライフ、アクアスキュータム。レディス：アクアスキュータム、シンプルライフ、エレメントオブシンプルライフ。直営店：アーノルドパーマータイムレス。

2020年4月8日付日本経済新聞

緊急事態宣言を発令

首相「接触8割減を」

新型コロナ 東京など7都府県

経財相「地域追加も」

民主社会が試されている

レナウンが民事再生

コロナで上場企業初

2020年5月16日付　日本経済新聞

なぜ世界最大規模だった名門会社は破綻したのか

57年におよぶ上場企業の歴史に幕

アパレルはコロナで大きな打撃を受けた業界の一つです。1990年代には世界最大規模のアパレル企業で、かつては「レナウン ワンサカ娘」のCMソングも広く親しまれた名門企業レナウンは2020年5月15日、東京地裁から民事再生手続き開始の決定を受けたと発表、新型コロナウイルスの感染が広がるなかで上場企業の破綻は初めてのケースとなりました。6月16日には上場廃止となり、57年におよぶ上場企業としての歴史も幕を閉じました。

レナウンの破綻の原因はコロナのせいだけではないことに注意が必要です。多くのアパレル企業同様、同社は長らく経営不振にあえいでいました。コロナにより主要な販路である百貨店の休業が続き、販売が急減して資金繰りに行き詰まったことが決定的な要因となってついに破綻に至りました。

2020/5/15　民事再生手続き
6/16　上場廃止

レナウン　連結業績

単位：100万円、%

	2018年2月期	2019年2月期	2019年12月期*
売上	66,396	63,664	50,262
営業利益	215	▲2,579	▲7,999
営業利益率	0.3%	▲4.1%	▲15.9%
当期純利益	1,352	▲3,942	▲6,742
総資産	46,942	39,713	32,344
自己資本	25,725	21,923	15,335
自己資本比率	54.8%	55.2%	47.4%
ROE（当期純利益／自己資本）	5.3%	▲18.0%	▲44.0%
営業キャッシュフロー	1,547	1,212	▲4,567
投資キャッシュフロー	▲4,195	▲2,626	1,090
財務キャッシュフロー	3,406	▲93	▲1,025
期末現金残高	9,187	7,832	3,316

減収減益で赤字転落、赤字幅も拡大

純利益マイナス続き自己資本（比率）も低下

営業CF急減でマイナスに（本業でキャッシュ入ってこない）

現金残高も急減

出所）レナウンIR資料より作成、コメントは筆者
注）会計基準は日本基準
＊2019年12月期は決算期変更で10カ月決算

表は破綻に至るまでの3年間の主要な財務データの推移を示しています。

この3年間の数字だけ見ても減収減益で赤字転落、自己資本（比率）の低下、営業キャッシュフローの急減（マイナスに）、そして現金残高も急減と「ヤバい企業」の兆候（詳しくは「決算書の見方5」）が盛りだくさんということがわかります。

2019年12月期の決算短信（2020年2月25日発表）には次のような「継続企

業の前提に関する注記」が記載されました。この「継続企業の前提に関する注記」は「決算書の見方5」で説明をしている通り、事実上のレッドカードに相当する重要な危険サインです。事実、1章で取り上げる日本航空、スカイマーク、2章で取り上げる江守グループHDが破綻する前にはこの「注記」がつきました。

継続企業の前提に関する注記（一部意味を変えず表現変更）

当社グループは2期連続で営業損失を計上しており、2019年12月期には7999百万円の営業損失を計上しております。また、2019年12月期において営業キャッシュ・フローが▲4567百万円となっております。なお、2019年12月期の販売費及び一般管理費に計上した貸倒引当金繰入額5779百万円には、当社の親会社である山東如意の子会社に対する売掛金の回収が滞ったことにより計上した貸倒引当金繰入額5324百万円が含まれており、当社グループの資金繰り計画に重要な影響を及ぼしております。

当該状況により、継続企業の前提に重要な疑義を生じさせるような事象又は状況が存在していると認識しております。

このように「親会社・山東如意の子会社に対する売掛金53億円が焦げ付きそうなので、資金繰りひいては会社の存続が危ない」ということが破綻（5月15日）の3カ月ほど前（2月25日の決算発表）には決算短信で明らかにされていたのです。

売掛金回収問題は結局、解決されることなくレナウンは破綻しました。

うまくいかなかった中国の親会社との連携

ここで10年間のレナウンの歩みを振り返ります。レナウンの破綻の背景は２０２０年に発生したコロナの感染拡大だけではありません。同社はそれ以前からずっと長期の慢性疾患に罹っていたような状態でした。

２０１０年には既に業績悪化に苦しんでいたレナウンは中国の繊維・アパレル大手、山東如意から出資を4割受け入れました。アパレルの老舗名門企業レナウンの中国企業の傘下入りは当時、大きなニュースとして報じられました。

その後２０１３年には山東如意の出資比率は5割を超え、レナウンは山東如意の子会社になりました。

山東如意の傘下に入ってからもレナウンの業績が好転することはありませんでした。

アパレル業界ではこの10年にはユニクロやZARAに代表されるファストファッションの台頭、またレナウンが主要な販路としてきた百貨店の地盤沈下、その一方でネット通販の急速な進展といった大きな環境変化が起きていましたが、レナウンはこうした変化に十分対応することができませんでした。

2011年2月期以降10期の業績を見ると、10年のうち営業赤字は6回（黒字の4回も営業利益率はわずか1％未満）、純利益の赤字は7回、利益剰余金（過去の利益の蓄積）は一貫して百数十億円以上のマイナス、営業キャッシュフローの赤字は5回（他に1回はゼロ）という、なんともさえない状態がずっと続きます。

特に注目されるのは10年間累積でも営業キャッシュフローが74億円の赤字（キャッシュアウト）ということです。ダーバンやアクアスキュータムなどを毎年数百億円売っても、本業でキャッシュが入ってこないどころかキャッシュが流出し続けていたのがレナウンのこの10年の姿だったのです。

営業キャッシュフローがマイナス、すなわち本業でキャッシュが入ってこないのにこれまでどうしてレナウンは会社を回すことができたのでしょうか？　それは山東如意が2回にわたりレナウンに出資した資金が合わせて約66億円入ってきたからです（財務キャッシュフローのプラス項目）。

これは営業キャッシュフローの累計マイナス74億円にほぼ相当する金額です。

親会社からも見放される

何が破綻の引き金だったのか

このように慢性疾患で業績は低空飛行のうえに、さらにここ3年ほどは業績悪化が加速してきたレナウンでしたが、破綻にまで至った引き金は2つあります。

1　親会社との対立・グループ会社への売掛金の焦げ付き

前述したように、親会社である山東如意の子会社に対する売掛金53億円を含む57億円を2019年12月期に貸倒引当金（損益計算書で「販売費及び一般管理費」の構成項目）に計上し、「継続企業の前提に関する注記」がついたことがレナウンを追い詰めることになりました。

山東如意（の子会社）は結局この53億円を支払いませんでした。レナウンは結果的に親会社から見放されたという見方もできます。

なお親会社の山東如意と子会社レナウンとの間にはこのほかにも意思疎通に問題があったのか、周囲からは理解しにくいような現象が起きています。

代表的なものが2020年3月26日に開かれた株主総会です。会長・社長を含む取締役10人全員を再任するレナウン側の提出議案に、親会社の山東如意が修正動議を提出して、会長・社長の続投が否決されるという異常事態が発生しました。解任される形となった前社長は翌日の会見で「（山東如意が）動議を出してくるか半信半疑で総会当日を迎えた。あまり例をみない手続き（での社長交代）となってしまい非常に残念だ」とコメントしています（「東洋経済」2020年4月3日付ネット記事より）。

株主総会の開かれた3月26日といえば、国内でもコロナ感染が広がり、東京オリンピック・パラリンピック1年延期も決まり、日経平均株価も大きく下げていた時期です。その最中の混乱は、この会社の先行きをさらに不安視させるものになりました。

2　コロナによる百貨店の休業がダメ押しとなり破綻

こうして追い詰められていったレナウンに、とどめを刺した形になったのが４月の百貨店の休業です。

レナウン（単体ベース）の販路は６割弱を百貨店が占めます（決算説明概要資料より）。

その主要販路である百貨店が４月にはコロナによる外出自粛、緊急事態宣言（４月７日に首都圏・近畿圏７都府県、４月16日に全国拡大）で大半の店が休業に入りました。

レナウンとしては、販路の６割近くを占める百貨店での販売が売ろうにも売れなくなるという、まさに緊急事態に陥ってしまったわけです。

レナウンが毎月公開している月次の「店頭売上前年同月比」の推移を見てみます。グラフにあるように月を追うごとに対前年の減少率は大きくなり、ボトムとなったのは４月の19・０％、すなわち４月には売上が81％も減少したわけです。

レナウン　店頭売上（前年同月比）の推移

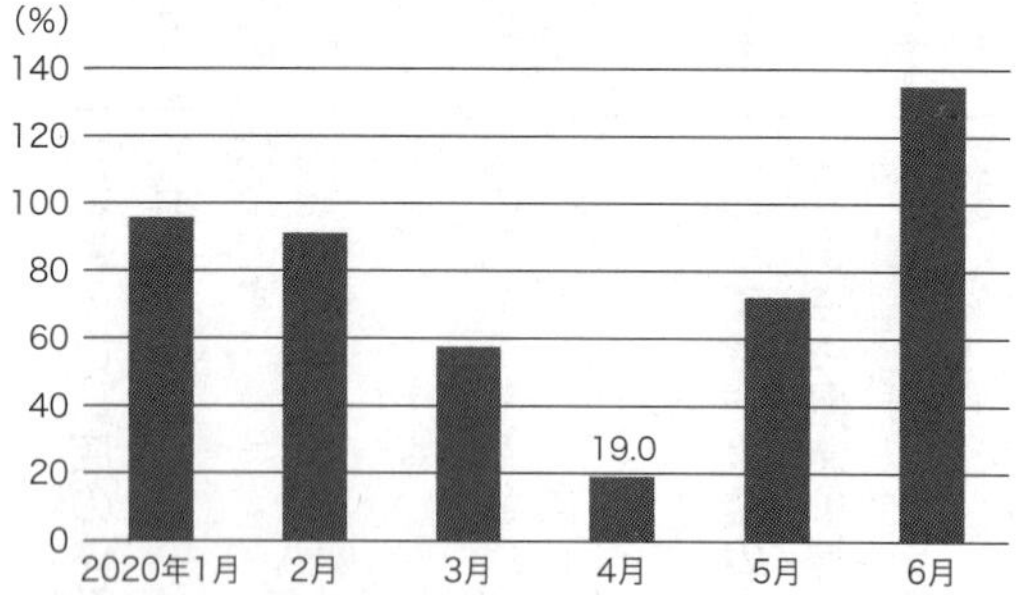

出所）レナウンIR資料より作成

財務基盤が厚い（自己資本比率が高い、現金を多くもっているなど）会社なら、このような緊急事態も乗り切ることができたはずですが、これまで見てきたようにレナウンはこの10年ずっと経営不振にあえぎ、さらにここ2、3年は業績悪化が著しく、「継続企業の前提に関する注記」までつき、親会社との関係も悪化して経営も混乱状態にあるなか、**4月の百貨店の休業が破綻への決定的な「ダメ押し」となりました。**

店頭売上（前年同月比）は5月には72・3%と持ち直し、6月には135・1%と大きな伸びを記録しました。百貨店の営業再開が始まったこともありますが、5月15日の民事再生手続き発表後、当面の運転資金を確保するため、百貨店などでダーバンなどの商品でほぼ半値の出血セールを行い、これに多くの客が殺到したためなので皮肉なものです。

店頭でのセールだけでなく、レナウンの公式オンラインストアを見ても50％、70％オフでダーバンはじめレナウンの各ブランドが投げ売りされていることがわかります。これも在庫を少しでも現金化して運転資金を確保、さらに今後の債権者への弁済につなげるためのセールです。

8月になっても百貨店でのレナウンのブランドの売場では「ＳＡＬＥ」の文字が踊るだけでなく、店舗の閉店や従業員の解雇が急ピッチで進められていることが報じられています。そのためかレナウンのホームページでは、ブランドごとにあった「ＳＨＯＰ ＬＩＳＴ」が表示されなくなりました。ネット上ではダーバンなどの閉店を嘆くファンの声を見ることもできます。

破綻はすべての利害関係者に重大な影響

破綻後、レナウンのホームページには「民事再生手続きについて」というコーナーが設けられました。この中には「よくあるご質問（債権者の皆様へ）」「よくあるご質問（お客様へ）」というQ&Aがあります。この中から一部を抜粋して紹介します。

「よくあるご質問（債権者の皆様へ）」
Q．株式会社レナウンに対する売掛金は支払われるのか？
A．再生手続開始決定前の原因に基づいて生じた債務については、民事再生法の定めにより弁済が禁止されることから、お支払することはできません。ご理解のほどお願い申し上げます。
Q．納入済みの商品を返品してもらいたい。
A．債権者の皆様の平等を害することになりますので、返品には応じかねます。ご理解のほどお願い申し上げます。

「よくあるご質問（お客様へ）」
Q．今後の取り扱いブランド・商品構成は変更されますか？
A．現在レナウングループで取り扱いのあるブランド・商品構成につきましては、できる限り継続する予定ですが、不採算のブランドについては撤退する可能性もあります。

レナウンの破綻事例は改めて企業が破綻することの重大性、すなわち従業員、顧客、取引先、株主、債権者などすべての利害関係者に多大な迷惑をかけることの重みを伝えています。

２０２０年８月21日には新たな動きが見られました。ダーバン、アクアスキュータムなどの５ブランドが大阪の小泉グループに売却されることが発表されました。これを報じるレナウンのリリースは、社長ではなく管財人の名前で出されていることが目を引きます。主要ブランドの売却は９月末とされていますが、**会社としてのレナウンは精算される（事実上消滅）見通し**と報じられています。

HIS

コロナ禍前後での時価総額の変化

2019年12月末		2020年6月末
2,148億円	減少率 ▲49.1%	1,093億円

（注）この間の日経平均株価は▲5.8%下落

業務内容
（日経会社情報オンラインより抜粋転載）

【大手旅行会社。ハウステンボスも運営】

格安海外航空券の販売からスタートし、業容を拡大した大手旅行会社。国内外の旅行を取り扱う。テーマパークのハウステンボスの運営やホテル事業も手掛ける。

主力の旅行事業では、海外旅行に強みを持ち、個人から団体まで幅広く手掛ける。ハウステンボスグループは、長崎県と愛知県でテーマパークを運営する。ホテル事業では、ロボットが受付を担う「変なホテル」などを国内外で展開。また、九州産交グループとして、熊本県を中心にバスの運行や不動産賃貸を手掛けるほか、電力小売りなどのエネルギー事業を展開。

＜売上構成＞（2019/10期連結、内部取引を含む売上高）：　旅行事業89%、ハウステンボスグループ3%、ホテル事業2%、九州産交グループ3%、エネルギー事業3%、その他1%。

コロナで「消滅」してしまった旅行需要

総崩れとなった各事業

エイチ・アイ・エス（以下ＨＩＳ）の名前をきけば、多くの人は旅行代理店と認識するはずです。確かに旅行事業はＨＩＳの祖業であり売上の約９割を占める大黒柱の事業ですが、表の事業セグメント別情報を見るとわかる通り、同社はほかにもハウステンボスグループ、九州産交事業（熊本県を地盤にバス、不動産事業等）、ホテル事業（ロボットが迎える「変なホテル」など）など多くの事業を複合的に展開しているのが特徴です。

旅行事業の営業利益率は２％に満たない薄利多売ですが、ハウステンボスグループは営業利益率約20％で旅行事業のほぼ半分の利益を稼ぐ重要な事業です。

このような事業構成をもつＨＩＳにコロナはどのような影響をもたらしたでしょうか？

コロナ直撃

HIS　連結業績

単位：100万円、%

	2018年10月期	2019年10月期	2020年10月期*
売上	728,554	808,510	590,000
営業利益	18,083	17,540	▲8,000
営業利益率	2.5%	2.2%	▲1.4%
当期純利益	11,067	12,249	▲10,000

コロナ直撃の2020/10では3割近い大幅減収、利益も赤字転落

	2018年10月期	2019年10月期	2020年10月期*
総資産	516,468	577,399	488,089
自己資本	88,227	96,773	90,120
自己資本比率	17.1%	16.8%	18.5%

＊上の指標は第2四半期末

	2018年10月期	2019年10月期	2020年10月期*
ROE（当期純利益／自己資本）	12.5%	12.7%	

	2018年10月期	2019年10月期	2020年10月期*
営業キャッシュフロー	20,397	39,777	
投資キャッシュフロー	▲44,841	▲52,116	
財務キャッシュフロー	48,304	15,362	
期末現金残高	191,440	192,541	99,955

上の指標は第2四半期末

2年続けて営業CF上回る投資CF＝M&Aなど強気の投資継続。差額は借入等（財務CFプラス）でまかなう

コロナ直撃で現金が半年で半減

事業セグメント別

旅行事業

	2018年10月期	2019年10月期	2020年10月期
売上	649,650	720,465	
営業利益	12,205	13,754	
営業利益率	1.9%	1.9%	

ハウステンボスグループ＝ハウステンボス（長崎）、ラグーナテンボス（愛知）

	2018年10月期	2019年10月期	2020年10月期
売上	28,952	26,372	
営業利益	7,315	5,075	
営業利益率	25.3%	19.2%	

ハウステンボスグループのみ高い利益率

九州産交グループ＝熊本県を中心にバス、不動産等

	2018年10月期	2019年10月期	2020年10月期
売上	21,626	22,208	
営業利益	398	158	
営業利益率	1.8%	0.7%	

メインの旅行事業はじめ、ハウステンボス以外の事業の利益率は低く不安定

エネルギー事業＝電力小売り事業等

	2018年10月期	2019年10月期	2020年10月期
売上	11,899	20,345	
営業利益	▲428	974	
営業利益率	▲3.6%	4.8%	

ホテル事業＝国内「変なホテル」、海外ホテル等

	2018年10月期	2019年10月期	2020年10月期
売上	11,153	11,757	
営業利益	808	▲217	
営業利益率	7.2%	▲1.8%	

出所）HIS　IR資料より作成、コメントは筆者
注）会計基準は日本基準
＊2020年10月期は日経会社情報オンライン予想（7/17）

HIS　旅行取扱高（前年同月比）の推移

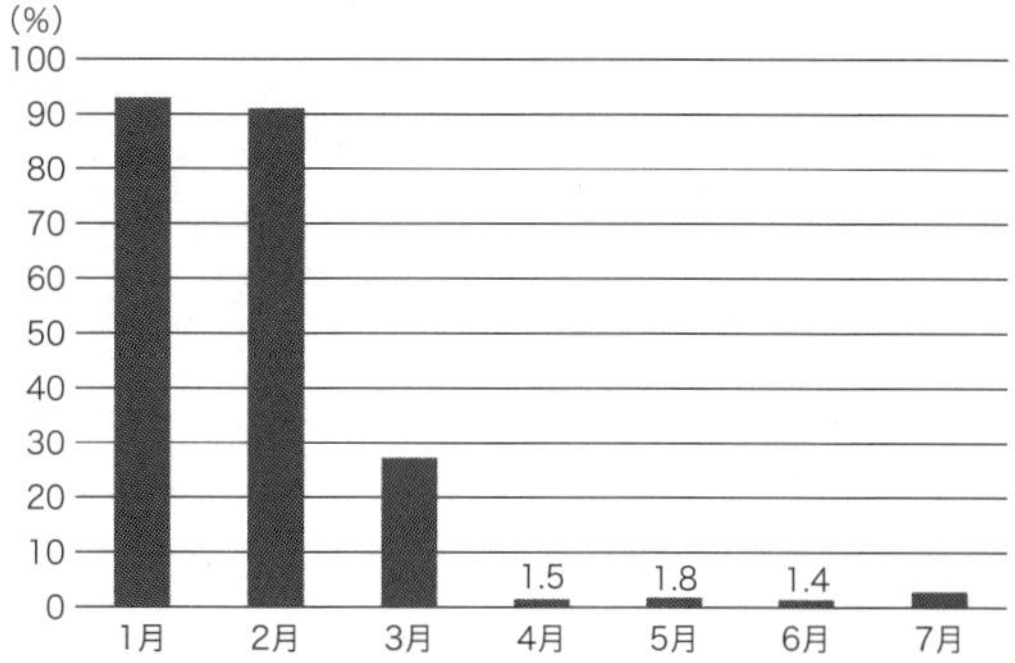

出所）HIS IR資料より作成

旅行、テーマパーク（ハウステンボスなど）、ホテル事業いずれもコロナで甚大な打撃を受けたことは容易に想像できます。**コロナ禍前後の時価総額が半年でほぼ半減したことはその影響の大きさを物語っています。**

まず大黒柱の旅行事業はどうだったか、月次の旅行取扱高（前年同月比）の推移で見てみます。1月には外務省の感染危険情報が引き上げられ、2月には横浜に停泊したクルーズ船ダイヤモンド・プリンセス号での感染の様子が日々報道されるなどのなか、1月、2月とも90％台を維持しましたが、3月には27・2％に急減しました。3月中下旬以降の海外ツアーはほとんどが中止になったためです。そして**4月には1・5％、5月には1・8％、6月には1・

HIS　第2四半期（2～4月）業績比較

単位：100万円

		2019年2～4月	2020年2～4月
旅行	売上	170,213	124,269
	営業利益	2,130	▲ 4,046
ハウステンボス	売上	6,273	3,400
	営業利益	909	▲ 1,150
九州産交	売上	5,273	5,460
	営業利益	114	▲ 118
エネルギー	売上	5,266	7,715
	営業利益	244	665
ホテル	売上	3,117	2,658
	営業利益	210	▲ 805

コロナ直撃で5事業中、4事業で赤字に転落（それまで高い利益率のハウステンボスも）

出所）HIS IR資料より作成、コメントは筆者

４％と旅行需要は文字通り「消滅」してしまいました。

ＨＩＳは主要旅行会社の中でも海外旅行の比率が高い（取扱高の約８割が海外旅行）ため特に影響が大きかったのです。緊急事態宣言が出たことを受け、ＨＩＳでは４月８日から５月下旬まで国内全支店が臨時休業に入りました。

売上の９割を占める旅行事業がこのような状況になっただけでも大変な危機ですが、加えて旅行以外の他の事業もコロナの直撃を受けたことがＨＩＳの特徴です。

ＨＩＳは10月決算なので、本書執筆時点で２０２０年10月期のうち第２四半期（２０２０年２～４月）決算まで発表されています。半年間の業績では減収減益（営業利益も当期純利益も赤字転落）になっていますが、第２四半期の３カ月（２～４月）だけの業績を前年比較すると５事業のうち、４事業で赤字に転落したことがわかり

ます。主力の旅行事業だけでなく、それまで約20％の営業利益率を維持していたハウステンボスの赤字転落はこの間の臨時休園のためです。このように**コロナによって各事業がいわば総崩れになってしまったのがＨＩＳの姿です。**コロナとは別の要因ですが、九州産交事業（バス事業など）は熊本県を地盤にしているため、２０２０年７月の熊本県などでの豪雨災害による影響も懸念されます。

業績回復は見通せず

２０２０年10月期の第２四半期決算では以下の点も注目されます。**２０２０年４月末時点の現金残高（キャッシュフロー計算書の記載金額）が９９９億円と、半年前の１９２５億円から半減してしまったことです。そのためＨＩＳとしては当面、今後の手元資金の確保を迫られることになります。**

こうした背景を受けて、このときの決算短信には**「重要な後発事象」**として、銀行との間の融資枠契約を意味する「コミットメントライン契約の締結」が記載されました。「資金借入の理由」には次のように記載されています。

当社は、新型コロナウイルスの感染拡大とその長期化に備えて、2020年6月24日開催の取締役会において330億円の融資枠のコミットメントラインを複数金融機関と締結することを決議いたしました。

決算短信に記載される**「重要な後発事象」**とは決算日（この場合は2020年4月末）以降に生じた事象で、次期以降に大きな影響を与えるものを投資家に示すために記載されるものです。HIS以外にも2020年3月期決算では「重要な後発事象」として融資枠設定や資金調達のことに言及する企業が相次ぎました。なお5章の三菱自動車の燃費不正後の決算でも後発事象の記載があるので確認ください。

HISが銀行との融資枠コミットメントライン契約をここに記載したのは、投資家の不安払拭という目的もあったものと思われます。

同時に、第2四半期決算の決算発表会（2020年6月24日）では国内店舗（258店舗）の3分の1の削減、固定費（役員報酬・人件費）や変動費（広告費、賃借料）にわたるコスト削減、海外旅行から国内旅行へのリソース再配置などに取り組む方針が示されています。
8月時点では首都圏1都3県の138営業所に限ってみても41%にあたる56営業所が休業中になっている（HISホームページより）他、営業中の店舗を訪れても以前より営業時間を短縮し、ごく少ないスタッフで運営されていることがわかります。また、以前は新聞によくHISの全面広告を見かけましたが、こうした広告を見かけることもすっかりなくなりました。

第2四半期決算時点では2020年10月期の業績予想はHISから示されていませんが、日経会社情報オンラインの予想（7月17日時点）では3割近い減収、純利益は100億円の赤字と見込まれています。純利益が100億円の赤字になれば、その金額だけ自己資本を毀損《きそん》することになります（この関係については「決算書の見方1」参照）。前期末の自己資本はまだ960億円ありますが、現在20%弱と高くはない自己資本比率も低下することは避けられません。

6月19日に県境をまたぐ移動制限が解除された後は、GoToトラベルキャンペーンが旅行業界にとってカンフル剤となることが期待されていましたが、7月22日からの開始の前後に東京都発着旅行の除外、全国的な感染の再拡大が生じているため、当初期待されていたような効果は見込めなくなっています。HISでもオンラインツアーなどの新たな企画に取り組んではいるものの、まだ旅行需要の、ひいては同社の業績の回復は見通せない状態が続いています。

三越伊勢丹HD

コロナ禍前後での時価総額の変化

2019年12月末		2020年6月末
3,896億円	減少率 ▲37.2%	2,448億円

（注）この間の日経平均株価は▲5.8%下落

業務内容
（日経会社情報オンラインより抜粋転載）

【新宿、日本橋に基幹店を擁す百貨店首位】

2008年に大手百貨店の三越、伊勢丹が経営統合することで誕生した共同持株会社。百貨店業界売上高首位。伊勢丹新宿本店の2020/3期売上高は2740億円と国内トップ。三越日本橋本店、三越銀座店を加えた基幹3店舗への収益依存度が高い。

首都圏の百貨店は三越伊勢丹が、札幌、名古屋、福岡など首都圏以外は各地の子会社が運営。アジアでは主に「伊勢丹」ブランドで中国、シンガポール、マレーシアに展開している。京都、台湾の店舗は持分法適用関連会社が運営。「ファッションの伊勢丹」として幅広く認知される。
＜売上構成＞（2020/3期連結、外部顧客への売上高）： 百貨店92%、クレジット・金融・友の会（エムアイカードなど）2%、不動産3%、その他3%。

かつては小売の王様だった百貨店

特需となった訪日外国人も消滅

三越伊勢丹HD（以下、三越伊勢丹）は百貨店業界首位の持株会社で、中核の事業子会社である（株）三越伊勢丹が伊勢丹新宿本店（2020年3月期売上2740億円）、三越日本橋本店（同1330億円）、三越銀座店（同828億円）の基幹3店舗などを運営しています。基幹3店舗の売上合計は4898億円で㈱三越伊勢丹単体の84%、連結売上の44%を占めます。

その他の地域の三越、伊勢丹ブランドの店舗や、北海道では丸井今井、福岡では岩田屋のブランドの百貨店は別の子会社で運営されています。

百貨店はかつて小売の王様で当時の三越は1972年にダイエーに抜かれるまで日本一の小売業でしたが、**歴史の流れの中では百貨店からスーパー、コンビニ、ネット通販と主役が交代していくなか、百貨店はほぼ一貫して長期低落傾向にあり地盤沈下**

三越伊勢丹HD　連結業績

単位：100万円、%

コロナ直撃

	2019年3月期	2020年3月期	2021年3月期*
売上	1,196,803	1,119,191	823,000
営業利益	29,229	15,679	▲ 38,000
営業利益率	2.4%	1.4%	▲ 4.6%
当期純利益	13,480	▲ 11,187	▲ 60,000
総資産	1,247,427	1,223,800	
自己資本	575,531	542,345	
自己資本比率	46.1%	44.3%	
ROE（当期純利益／自己資本）	2.3%	▲ 2.1%	
営業キャッシュフロー	28,286	16,281	
投資キャッシュフロー	▲ 22,450	▲ 9,965	
財務キャッシュフロー	▲ 9,063	20,259	
期末現金残高	50,147	76,659	

コロナの影響受ける2021年3月期には大きく減収、売上1兆円割れ。大幅な赤字転落の見込み

純利益は2期連続赤字で自己資本毀損

CFの動きは概ね正常（営業CFプラスの範囲内で投資CFのマイナス）

出所）三越伊勢丹ＨＤ　IR資料より作成、コメントは筆者
注）会計基準は日本基準
＊2021年3月期は三越伊勢丹HD予想（7/29）

を続けていました。破綻したレナウンが百貨店を主力の販路としていたことは先に見た通りです。

そのような百貨店に特需となったのが訪日外国人の激増でした。その数は2013年に1000万人、2016年に2000万人、2018年には3000万人を超え、2019年には3188万人に達し、オリンピックイヤーとなるはずだった2020年には政府目標で4000万人の訪日が期待されていました。流行語ともなった「爆買い」に代表されるように訪日外国人は百貨店で化粧品はじめ多くの商品

を購入して、百貨店の業績を支えてきました。三越伊勢丹の基幹店の中では特に銀座三越店がその恩恵を大きく受けました。

このような外国人がコロナによる出入国規制によって消滅してしまったのです。

相次ぐ店舗閉店の歴史

表には三越伊勢丹の2021年3月期（見込み）まで3年間の主要な財務データをまとめていますが、同社の業績をもう少し長期、この10年間の間で見ると、売上はずっと1兆1000億〜1兆2000億円台（最近の2年の実績は1兆1000億円台）、営業利益は赤字になったことはないものの、営業利益率はだいたい1％台か2％台という低水準、営業キャッシュフローは常にプラスで年300億〜400億円台（ただし最近2年は低下傾向）、また自己資本比率は40％台が継続という、**安定的ではあるものの、成長性や収益性の向上が見られない業績を繰り返してきました。**

その中でも最近2期連続（2019年3月期と2020年3月期）で合わせて約800億円弱もの特別損失（うち減損損失400億円あまり）を計上しているのが目を引きます。減損損失については3章を参照してください。

三越伊勢丹は2017年以降次のような店舗閉鎖などを進めており、これに関わる損失などが反映されたためです。

この間に店舗閉鎖となったのは三越千葉店、三越多摩センター店、伊勢丹松戸店、伊勢丹相模原店、伊勢丹府中店、新潟三越。さらに2021年2月には恵比寿三越を閉店予定。店舗以外ではエステ子会社の減損、クイーンズ伊勢丹（高級食品スーパー）の株売却などが行われて三越伊勢丹は縮小均衡のような状態にありました。さらに前に遡ると2009年以降2017年までに閉店した店舗には三越池袋店、伊勢丹吉祥寺店、三越新宿アルコット店、沖縄三越がありました（沖縄は連結対象外）。

コロナ前から百貨店は苦境にあり、店舗閉店が続いていたのです。

業績回復は見通せず

こうしたなかでコロナは①まず訪日外国人の急減、②非常事態宣言前後でのほぼ全店での休業という形で百貨店の業績にも大きな爪痕を残しました。

業界首位の三越伊勢丹も例外ではありません。2020年3月期決算説明会資料では「新型コロナウイルスの影響　当社へ与えるインパクト」として次の5項目があげられています（傍線は原文のまま）。

①感染防止のための臨時休業、②外出自粛における消費の低迷、③渡航制限・自粛による訪日外国人減少、④世界的感染の長期化、⑤コロナ対策コスト増

コロナの影響をもろに受けることになる2021年3月期の業績予想は三越伊勢丹は5月11日の本決算時には「合理的に算定することが困難」として出していませんでしたが、7月29日発表の第1四半期決算発表時になって示されました。この4～6月期には売上が53％減で純利益は305億円の赤字を計上しましたが、**2021年3月期通期見込でも売上は1兆円の大台も大きく割り込み、対前年比27％減の8230億円程度に急減するだけでなく、営業利益はここ10年間なかった赤字転落、当期純利益は600億円という巨額の赤字（2年連続）と、大変厳しい状況になることが見込まれています。**600億円の純損失発生はほぼ同額の自己資本の毀損《きそん》につながります（前期末の自己資本は5400億円）。

月次の売上推移（前年同月比）のデータで見ると、1月は96・5％とほぼ前年並みを確保（中国の海外団体旅行禁止の一方で、例年は2月上旬の春節が前倒し）してい

三越伊勢丹　国内百貨店事業売上（前年同月比）の推移

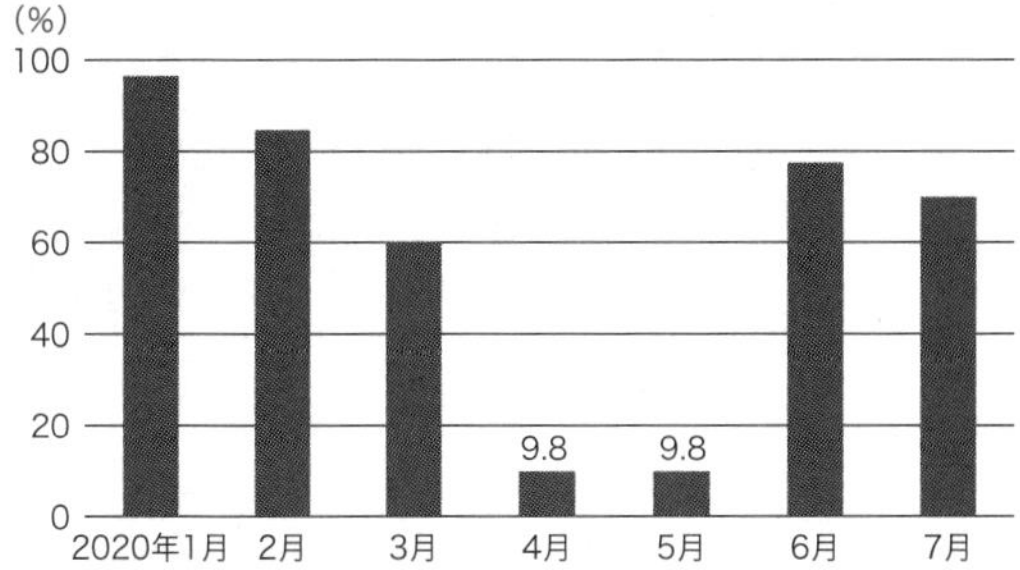

出所）三越伊勢丹HD IR資料より作成

たのが、2月には84・7％（訪日外国人の大きな落ち込み）、3月には60・2％（3月2日から首都圏6店舗で営業時間短縮）と急落していきます。

そして4月、5月はともに対前年9・8％という異常な低水準で2カ月が過ぎました。4月には緊急事態宣言を受けて全店で臨時休業（一部では食品フロアのみ営業）に入ったためです。5月には順次11店舗の全館が営業を再開したものの、まだまだコロナへの警戒感は強く、客足の戻りは限定的でした。

6月には77・5％と持ち直してきました。その要因は「買い物の目的が明確なお客様や購買意欲が高いお客様が多く」と説明されています。

百貨店にとっての最悪期は過ぎたように見えますが、コロナの収束がまだ見えないことから、来店客の密を避けるために夏商戦のセールを分散化したり、集客効果の高い「北海道物産展」のような催事開催を見送ったりせざるを得ないなど、今後も客足がどこまで戻るか読めません。三越伊勢丹はじめ百貨店では、どこも入口に来店者を検温するサーモグラフィが置かれ、1階化粧品売場では店頭のテスター品にビニールシートがかけられ、2階以上は以前にも増して来店客の姿が少ない状態が続いています。

仮にコロナが収束したとしても当分の間、これまでのような訪日外国人の需要も期待できないことから、三越伊勢丹はじめ百貨店業界はまだ厳しい状態が続くものと思われます。

先に見たように、コロナ以前から長期化落傾向が続いていた業界なので再編などの可能も取り沙汰されています。

三井不動産

コロナ禍前後での時価総額の変化

2019年12月末		2020年6月末
2兆6,165億円	減少率 ▲28.5%	1兆8,698億円

（注）この間の日経平均株価は▲5.8%下落

業務内容
（日経会社情報オンラインより抜粋転載）

【総合不動産大手。グローバルに成長を加速】

総合不動産デベロッパー最大手で、オフィスなどの賃貸事業、マンションを中心とした分譲事業が主力。物件開発力に強みをもち、多くの優良オフィス物件を保有。リート向け売却など、出口戦略にも強み。また、海外での利益成長を目指し、米国、英国などで物件取得・開発にも注力している。

現在推進している中長期の経営ビジョン「2025 VISION」では、2025年前後に同社が目指すあるべき姿として、「街づくりを通して、持続可能な社会の構築を実現」、「テクノロジーを活用し、不動産業そのものをイノベーション」、「グローバルカンパニーへの進化」を掲げる。
＜売上構成＞（2020/3期連結、外部顧客への営業収益）：　賃貸事業33%、分譲事業28%、マネジメント事業22%、その他17%。

8年連続で増収増益

これまでは極めて順調な業績

三井不動産は最大手の不動産会社です（2020年3月期で売上、営業利益、純利益、総資産、自己資本等大半の指標で三菱地所を上回る）。

まず同社の姿を概観してみます。

2020年3月期で売上は約1兆9000億円、営業利益は約2800億円で営業利益率は約15％（三菱地所は各々約1兆3000億円、約2400億円、約18％）。

2020年3月期まで最近10年間の長期トレンドで見ると**8年連続で増収増益を果たしています（営業利益、純利益とも）。売上は10年前の約1兆4000億円から順調に伸ばしていることに加え、営業利益率はここ8年連続2ケタ達成、しかもこの間年々営業利益率を上昇させ続けており、極めて順調といえます。**

同社の事業セグメントは4つに分かれています、以下各事業セグメントについて解

三井不動産 連結業績

コロナ直撃

単位：100万円、%

	2019年3月期	2020年3月期	2021年3月期*
売上	1,861,195	1,905,642	1,850,000
営業利益	262,147	280,617	200,000
営業利益率	14.1%	14.7%	10.8%
当期純利益	168,661	183,972	120,000

総資産	6,802,731	7,395,359	
自己資本	2,342,512	2,408,679	
自己資本比率	34.4%	32.6%	

ROE（当期純利益／自己資本）	7.2%	7.6%	

営業キャッシュフロー	216,709	87,094	
投資キャッシュフロー	▲ 388,895	▲ 532,806	
財務キャッシュフロー	231,238	467,751	
期末現金残高	157,682	179,472	

この間に限らず、8期連続の増収増益続き順調

コロナで減収減益。それでも営業利益率10%台

有利子負債が総資産の半分近く占めるため自己資本比率は30%台

営業CFのプラス以上に不動産投資（投資CFマイナス）という攻めの姿勢、その差を借入増（財務CFプラス）でまかなう

事業セグメント別

	2019年3月期	2020年3月期	2021年3月期*

賃貸＝オフィスビル、商業施設（ららぽーと、三井アウトレットパーク等）

売上	603,284	636,056	600,000
営業利益	141,945	145,893	113,000
営業利益率	23.5%	22.9%	18.8%

分譲＝国内（パークホームズ等）外マンション、投資家向け分譲

売上	530,766	524,094	540,000
営業利益	98,037	123,745	103,000
営業利益率	18.5%	23.6%	19.1%

マネジメント＝プロパティマネジメント、仲介・アセットマネジメント（三井のリハウス等）

売上	404,346	421,490	410,000
営業利益	55,180	55,670	50,000
営業利益率	13.6%	13.2%	12.2%

その他＝ホテル（三井ガーデンホテル）、三井ホーム等

売上	322,797	324,001	300,000
営業利益	9,157	2,291	▲ 13,000
営業利益率	2.8%	0.7%	▲ 4.3%

賃貸と分譲で売上の6割、営業利益の大半を占める。
両事業とも営業利益率20%台と高収益

コロナ影響直撃の2021年3月期は4事業すべて減収減益見込み。ただし「その他」以外の3事業の落ち込みは小幅にとどまる

出所）三井不動産　IR資料より作成、コメントは筆者
注）会計基準は日本基準
＊2021年3月期は三井不動産予想（8/6）

説しますが、これら4事業のうち、コロナの影響が大きい事業、小さい事業はどれかを想像しながらお読みください。

連結業績で大きなウエイトを占めるのは賃貸と分譲の2つの事業セグメントです。どちらの事業も売上5000億～6000億円レベル、営業利益率20％台と高収益で、双方合わせると連結売上の約6割、営業利益の大半を占めます。

「賃貸」事業セグメントは大きくオフィス（売上約6割）と商業施設（同4割）に分かれます。三井不動産のもつオフィスに入居するテナントは約3000社、伝統的に東京・日本橋地区に強い地盤をもっています。有力テナント企業として東レ、ファーストリテイリング、富士フイルムHD、旭化成、三井住友銀行、KDDI、アステラス製薬、日立製作所などのロゴが投資家説明資料に示されています。

商業施設は一般消費者に最もなじみのある事業です。ららぽーと、三井アウトレットパークなどのブランドで郊外中心に多数展開されていますが、東京都心部ではコレド（日本橋、室町）、東京ミッドタウン（六本木、日比谷）などもあります。一施設で最大の小売売上をもつのはラゾーナ川崎プラザ（928億円）で、三越銀座店（828億円）を上回ります（2020年3月期）。**商業施設の売上（賃貸収入）だけで**

約2400億円あり、同業他社を大きく上回りますが、これが今回のコロナで大きな打撃を受けました。

「分譲」事業セグメントは「パークホームズ」「パークコート」などのブランドで知られるマンションなどの国内住宅分譲と、投資家向け・海外住宅分譲に大別されます。

「マネジメント」事業セグメントは、アセットマネジメント（ビルなどの運営受託管理）や「三井のリハウス」（仲介）や「三井のリパーク」（駐車場管理）などノンアセット（大きな資産を必要としない）ビジネスを展開しています。

「その他」事業セグメントには「三井ガーデンホテル」などのブランドで知られるホテル事業や三井ホーム（子会社のハウスメーカー）などがあります。**ホテル事業もコロナで大打撃を受けました。**

どうなる？　2021年3月期の見込み

多くの上場企業が2020年3月期決算の発表時に、次の2021年3月期の業績予想を出すのを見送るなか、三井不動産はじめ不動産大手各社は業績予想を出しました。しかし決算発表（5月12日）時点までに2021年3月期の業績予想を開示するという作業が極めて困難だったことは間違いないでしょう。

これについて三井不動産は次のように説明しています（カッコ内は筆者注）。

今後の新型コロナウイルス感染症の収束状況や政府、自治体の対応方針が、当社業績にも大きな影響を及ぼす可能性があります。

次期（2021年3月期）の業績予想につきましては、未知のウイルスの感染拡大の収束を医療の専門家でも明確な見通しが示せない中、通期を通してどの程度経済活動が制約されるのか予想することが困難な状況にあります。そのため、確度の高い予想値の算出が非常に難しい状況ではありますが、今般、一定の仮定を置き、現時点で可能な範囲で算出し、お示しすることと致しました。

具体的には、第1四半期（4～6月）は政府、自治体からの要請等により、厳しい制約の下で経済活動が行われる状況が続きますが、第2四半期（7～9月）以降、年度末（2021年3月）に向けて緩やかに正常化するという前提のもとで予想値を算出しております。

この2021年3月期予想値では売上が3％の減収、営業利益が29％、純利益が35％の減益となっており、**三井不動産がこれまで8年間続けてきた増収増益記録もさすがに途切れてしまう見通し**です。営業利益率も落ちるものの、それでも10％を維持することが見込まれています。なおこの見通しは8月6日の第1四半期決算発表でも変更ありません。

このように減収減益が見込まれるものの、序章でこれまで取り上げてきたレナウン、三越伊勢丹、HISのような赤字転落企業に比べれば落ち込み幅は相対的に小さいことがわかります。

不動産は基本ストックビジネスのため（特にオフィス賃貸事業、プロパティマネジメント事業などはすぐに需要が落ちるわけではない）、これまで見てきたアパレル、旅行や百貨店のようなフロービジネスに比べれば、コロナへの耐性が相対的にあるためです。

大手不動産3社の業績見通し

単位：100万円		2020年3月期 実績	2021年3月期 各社予想値	対前年比
三井不動産	売上高	① 1,905,642	① 1,850,000	97.1%
	営業利益	① 280,617	② 200,000	71.3%
	当期純利益	① 183,972	② 120,000	65.2%
三菱地所	売上高	② 1,302,196	② 1,142,000	87.7%
	営業利益	② 240,768	③ 185,000	76.8%
	当期純利益	② 148,451	③ 110,000	74.1%
住友不動産	売上高	③ 1,013,512	③ 880,000	86.8%
	営業利益	③ 234,332	① 204,000	87.1%
	当期純利益	③ 140,997	① 130,000	92.2%

三井不動産の利益の落ち込みは3社で最大の見通し

注)①、②、③は3社の中での順位
出所)各社IR資料より作成

なぜ三井不動産の利益マイナスは大きいのか

しかし観点を変えて、三菱地所、住友不動産という同業大手の2021年3月期予想（各社が開示）と比較すると、**大手3社の中では三井不動産の利益の落ち込みが最大**ということが注目されます。この予想値通りになれば、三井不動産は営業利益、純利益のナンバーワンの座を住友不動産に明け渡すことになりそうです。

その理由は、三井不動産が展開する様々な事業の中で、特にコロナの影響を大きく受ける以下の事業の売上（構成比も）が他社より大きいためです。

・賃貸事業のうち商業施設（ららぽーと、三井アウトレットパーク等）

・その他事業のうちホテル事業（三井ガーデンホテル等）

コロナ感染拡大に対応するための外出制限等により、商業施設やホテルは休業を余儀なくされました。

賃貸事業セグメントのうち、オフィスビルのテナントは大企業が多いため、コロナですぐにオフィスを解約という可能性は高くはないですが、テレワークの広がり・常態化によって都心部のオフィスの必要性が薄らいでくれば、中長期的にはオフィスビル賃貸事業への懸念材料となります。

それに対して**賃貸事業でも商業施設のテナントからあがる賃料はコロナの直撃を受けました**。多くがアパレルなどの小売や飲食店が占める商業事業のテナントからの賃料は固定賃料が約7～8割、（売上と連動する）変動賃料が2～3割と示されています。

商業施設への来店客が減り、さらに休業に至るとまず三井不動産が受け取るはずの変動賃料が入ってこなくなります。決算説明会の質疑では「当社は行政からの要請等も踏まえ、商業施設を休館していますが、当社にとってテナントは重要なパートナーであるため、当社保有施設の商業テナントの家賃減免等の措置を講じており、今回の業績予想にはこれらを織り込んでいます」とあり、固定賃料も含めて減免措置がとられているものと考えられます。

ホテルはフロービジネスなので宿泊客、宴会客が入ってこなければ売上・利益は立たずキャッシュが入ってきません。ホテルでは訪日外国人がほぼ消滅し、東京オリンピック・パラリンピックの1年延期が決まり、延期後の2021年開催も不透明感が残ることも痛手です。

2020年4～6月期の第1四半期決算では連結売上は5％減でしたが、商業施設の売上（賃貸収入）が対前年比44％減、その他事業の施設営業（ホテル）売上が70％減とこの両事業は大きな打撃を受けたことがわかります。

この点に関して、三菱地所や住友不動産といった同業他社も事情は基本的には同じですが、三井不動産の商業施設、ホテル事業の売上が大きいため、三井不動産への利益マイナスインパクトが最も大きくなると予想されています（住友不動産は商業施設をこれまでほとんど手がけていない）。

これを裏付けるように、2019年12月末から2020年6月末までの時価総額減少率で見ても、三井不動産（▲28・5％）が三菱地所（▲23・3％）や住友不動産（▲22・3％）より大きくなっていることが確認できます。

JR東海

コロナ禍前後での時価総額の変化

2019年12月末		2020年6月末
4兆5,320億円	減少率 ▲24.1%	3兆4,381億円

（注）この間の日経平均株価は▲5.8%下落

業務内容
（日経会社情報オンラインより抜粋転載）

【東海道新幹線を運行する鉄道会社】

東海地方最大の鉄道会社。東京－新大阪間を結ぶ東海道新幹線のほか、東海道本線、高山本線、中央本線、関西本線、飯田線など名古屋・静岡地区の都市圏輸送を中心とした12線区の在来線を運営している。

主力である運輸業は営業収益の約7割、営業利益の9割以上を占める。なかでも、東海道新幹線に単体運輸収入の9割強を依存している（いずれも2020/3期実績）。運輸業のほか、百貨店や駅売店などの流通業、駅ビルの運営や住宅販売を行う不動産業を展開。その他の事業として、ホテルや旅行、鉄道車両の製造といった事業も手掛ける。

＜売上構成＞（2020/3期連結、内部取引を含む営業収益）：　運輸業70%、流通業13%、不動産業4%、その他13%。

景気変動の影響を受けない優良企業にも異変

圧倒的ウェイトを占める東海道新幹線

東海旅客鉄道（以下、JR東海）の事業セグメントは運輸業、流通・サービス業、不動産業と3つに分かれますが、**同社の業績を見るうえでは日本の大動脈である東海道新幹線が圧倒的なウェイトを占めます（連結売上の約70%、営業利益の約90%以上）。まさに東海道新幹線の会社です。**

東海道新幹線以外には運輸業では在来線、バスなどを展開しています。運輸業以外では流通・サービス業、不動産業があります。名古屋駅に隣接するJRセントラルタワーズ、JRゲートタワーを自社保有・管理しています。これを流通業ではジェイアール名古屋タカシマヤ（JR東海の子会社が運営）とタカシマヤ ゲートタワーモール、不動産業では両ビルでのオフィス賃貸などに活用することがメインです。不動産業では東京ラーメンストリート、東京キャラクターストリートなどからなる「東

コロナ直撃

JR東海 連結業績

単位：100万円、%

	2019年3月期	2020年3月期	2021年3月期*
売上	1,878,137	1,844,647	1,000,000
営業利益	709,775	656,163	100,000
営業利益率	37.8%	35.6%	10.0%
当期純利益	438,715	397,881	10,000

総資産	9,295,745	9,603,126	
自己資本	3,471,294	3,831,833	
自己資本比率	37.3%	39.9%	

ROE（当期純利益／自己資本）	12.6%	10.4%	

営業キャッシュフロー	600,319	595,227	
投資キャッシュフロー	▲597,502	▲552,494	
財務キャッシュフロー	▲33,635	▲32,993	
期末現金残高	751,636	761,376	

この売上規模で営業利益率30％台という高収益企業

コロナで大きく減収減益。それでも営業利益率10％

有利子負債が総資産の半分を占めるため自己資本比率は4割弱

新幹線からの安定的な営業ＣＦを設備投資（投資ＣＦマイナス）、有利子負債返済と配当（財務ＣＦマイナス）に回す構造

事業セグメント別

	2019年3月期	2020年3月期	2021年3月期*

運輸業＝東海道新幹線、在来線、バス等

売上	1,449,198	1,419,006	
営業利益	664,897	617,643	
営業利益率	45.9%	43.5%	

連結業績の大半占める東海道新幹線の営業利益率は40％台と驚異的

流通・サービス＝ジェイアール名古屋タカシマヤ、東海キヨスク等

売上	253,312	250,111	
営業利益	9,638	7,401	
営業利益率	3.8%	3.0%	

小売業は売上は大きいが営業利益率は低い

不動産＝ＪＲセントラルタワーズ、ＪＲゲートタワーのオフィス賃貸等

売上	49,646	47,487	
営業利益	20,279	19,004	
営業利益率	40.8%	40.0%	

不動産事業も名古屋駅の好立地いかし営業利益率40％

出所）JR東海　IR資料より作成、コメントは筆者
注）会計基準は日本基準
＊2021年3月期は日経会社情報オンライン予想（8/19）

京駅一番街」もJR東海の子会社が展開しています。

まずコロナ以前のJR東海の業績の特徴を見てみます。表にあるのは2019年3月期以降のデータですが、ここ10年では売上は1兆5000億円台から1兆6000億、7000億、8000億円台と着実に伸ばしています。この間の訪日外国人の急増も増収要因になりました。

売上を伸ばすなかで営業利益率も20%台前半から後半、30%台前半から後半へと上昇させ続けているので絶好調といえる状況でした。

運輸事業セグメントは大半が**東海道新幹線で説明できますが、その営業利益率は表にある通り40%台半ばと驚異的な水準です。営業利益率がコンスタントに40%台というような事業・会社は、ネット系企業以外では極めて稀です。売上規模がこれだけ大きい事業・会社でこの水準というのも驚きです。**これは東京―大阪間の移動シェアが85%（航空が15%）、東京―名古屋間で100%と圧倒的に競争力が強いことが理由です。

次にとりあげるオリエンタルランドも財務的にはエクセレントカンパニーですが、JR東海はそれ以上の高収益エクセレントカンパニーです。自己資本比率が4割弱とオリエンタルランドの80％に比べて低いのは、ＪＲ東海が典型的な設備産業であり、今後のリニア中央新幹線など毎年の巨額投資を賄うために多くの有利子負債があり、総資産の半分程度を占めるためです。

ＪＲ東海に限らず、一般に鉄道業の業績は景気変動の影響を受けにくく安定的なことが特徴です。過去の業績は概ね着実に成長してきたのがＪＲ東海の姿でした。そのＪＲ東海にもコロナ禍が直撃しました。

激減した出張や旅行の需要

ＪＲ東海の業績は大半、東海道新幹線の需要によって決まりますが、**コロナ感染の広がりによって移動制限がかかり出張や旅行が激減しました。特に東海道新幹線はビジネス客が多いため、利用者数は激減しました。**

東海道新幹線の月次の輸送量対前年の変化率を見ます。

このように1月までは100％を超えていましたが、2月に92％、3月に41％と急落、さらに緊急事態宣言が出た4月と5月は実に10％と利用客は壊滅的に減少してしまいました。

JR東海　東海道新幹線の輸送量（前年同月比）の推移

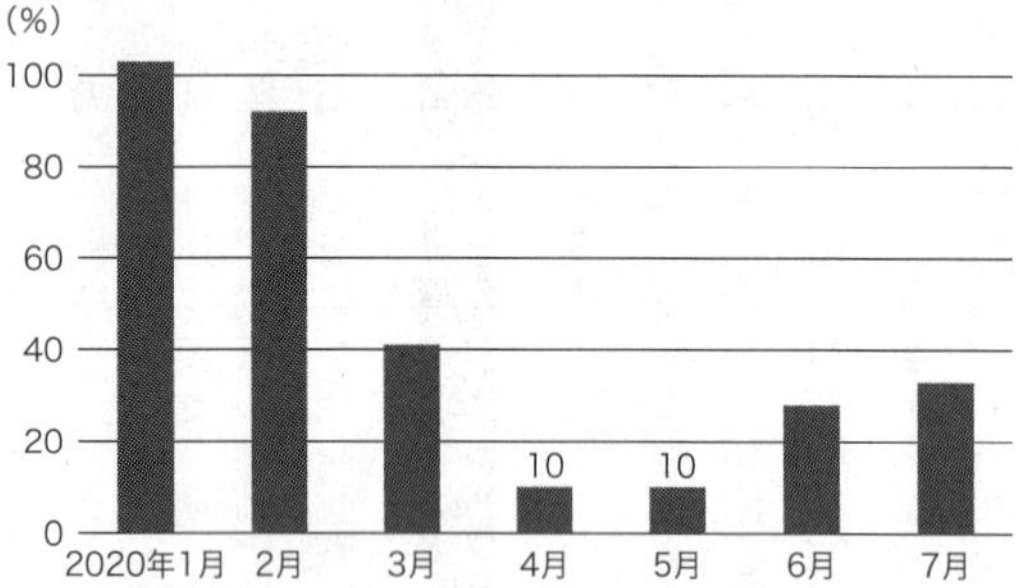

出所）JR東海 IR資料より作成

6月には28％と多少持ち直したものの、今後の乗客の戻りがどうなるか見通すのはかなり難しい状況です。

ＪＲ東海も２０２０年３月期決算発表（4月27日）時に、「現在、新型コロナウイルス感染症の発生を受けた外出自粛等の影響により鉄道等のご利用が大幅に減少しており、今後も業績に影響を与えうる未確定な要素が多く、現時点で算定が困難であるため未定」として、次の２０２１年３月期の業績予想開示を見送り、７月31日の第１四半期決算発表時点でも同様の理由で業績予想開示を行っていません。

そのため表での２０２１年３月期の数値は日経会社情報オンライン予想（8月19日）を記載しています。この予想によれば**２０２１年３月**

期通期の売上は半減に近い46％減で1兆円と見込まれます。1兆円程度の売上になれば1990年3月期以来実に31年ぶりの水準です。

営業利益、純利益とも激減するため利益率も大きく低下します、コロナに加え、2020年7月から投入した東海道新幹線の新車両N700Sや今後のリニア中央新幹線に関わる費用も利益の重荷になっています。それでもなお営業利益率が10％と見込まれていることには驚かされます。

なお7月31日に発表された2020年4〜6月期決算では連結売上が73％減、東海道新幹線の売上は83％減少でした。連結営業利益、純利益とも赤字転落となりましたが、これは四半期の業績開示が始まった2004年3月期以降、初めてのことです。

業績回復は不透明

今後も国内出張の抑制が多くの企業で引き続き行われそうなこと、訪日外国人が以前のように多く戻ってくるとはまず考えられないこと、さらには7月以降の全国的なコロナ感染の再拡大、Ｇｏ Ｔｏトラベルキャンペーンの迷走などを考慮すると、東海道新幹線の事業環境はまだまだ不透明です。8月のお盆シーズンでも新幹線がガラガラで走る様子が毎日のように報道されていました。

これまで安定性と成長性、高収益性を同時に保ってきたJR東海ですが、圧倒的な稼ぎ頭の東海道新幹線の低迷が今後も長期化すれば、投資家からの不安感も出てきておかしくありません。

2020年3月期決算説明会（4月28日開催）の質疑の中でJR東海は「3月末の手元資金として約7600億円を保有しており、当面の資金繰りとしては十分な額を確保していると認識しています。今後につきましても、状況を注視しながら適切に対応していきます」とコメントしています。

東海道新幹線というドル箱事業をもつJR東海のような安定・高収益企業ですら、このようなコメントを出さざるを得ないことに、コロナの影響の大きさを再認識させられます。

オリエンタルランド

コロナ禍前後での時価総額の変化

2019年12月末		2020年6月末
5兆4,117億円	減少率 ▲4.3%	5兆1,789億円

（注）この間の日経平均株価は▲5.8%下落

業務内容
（日経会社情報オンラインより抜粋転載）

【「東京ディズニーリゾート」を運営】

米ディズニーとの契約のもと、千葉県浦安市舞浜地区で「東京ディズニーリゾート（TDR）」を運営。京成電鉄の持分法適用会社。

「TDR」は「東京ディズニーランド（TDL）」、「東京ディズニーシー（TDS）」を擁するテーマパーク事業に加え、ホテル事業、その他（複合商業施設「イクスピアリ」、モノレール、劇場施設等）などで構成される。テーマパークの入園者数は「TDR」30周年の2014/3期以降、3000万人超を維持（新型コロナウイルスにより臨時休園した2020/3期除く）。「TDR」、「TDS」の周年記念イベント開催期（それぞれ5年ごと）に入園者数、商品単価が押し上げられる傾向にある。

＜売上構成＞（2020/3期連結、外部顧客への売上高）：　テーマパーク83%、ホテル14%、その他3%。

財務面でも有数のエクセレントカンパニー

営業利益率は20％以上という高収益

オリエンタルランドは言うまでもなく、東京ディズニーランド、東京ディズニーシー（あわせて東京ディズニーリゾート）を運営する企業です。

コロナの影響を見る前にまず同社の特徴をつかんでおきます。東京ディズニーリゾートの入園者数は年間約3000万人（一日あたり平均約8万2000人）、一人あたりの売上金額は約1万1600円（内訳はチケット約5300円、グッズ約3900円、飲食約2400円）。

事業セグメントには**売上構成比8割以上のテーマパーク事業（東京ディズニーランド、東京ディズニーシー）と、構成比10数％のホテル事業の2つがありますが、両事業ともに営業利益率20％以上という高収益ぶりが際立ちます。**

過去10年のデータを見ても営業利益率20％以上は8年続いていました。長年にわ

オリエンタルランド 連結業績

単位：100万円、%

	2019年3月期	2020年3月期	2021年3月期*
入園者数(人)	3256万人	2901万人	2120万人
売上	525,622	464,450	340,000
営業利益	129,278	96,862	39,000
営業利益率	24.6%	20.9%	11.5%
当期純利益	90,286	62,217	22,500
総資産	1,051,455	1,010,651	
自己資本	803,201	820,257	
自己資本比率	76.4%	81.2%	
ROE（当期純利益／自己資本）	11.2%	7.6%	
営業キャッシュフロー	134,974	73,336	
投資キャッシュフロー	▲135,360	20,534	
財務キャッシュフロー	36,601	▲55,257	
期末現金残高	222,551	261,164	

コロナ直撃

年間約3,000万人の入園者

安定して営業利益率20%超だったが、コロナで大幅減収減益へ。それでも利益率10%維持

自己資本比率8割、現金2,000数百億円(月商5-7カ月分)と高い安全性。有利子負債は800億円と少ない

営業CF(利益に加え減価償却も)を設備投資(投資CFマイナス)、配当支払い(財務CFマイナス)に回すのが基本。投資CFは設備投資に加え金融資産増減も影響

事業セグメント別

	2019年3月期	2020年3月期	2021年3月期
テーマパーク			
売上	437,495	384,031	
営業利益	107,278	79,660	
営業利益率	24.5%	20.7%	
ホテル			
売上	72,427	64,375	
営業利益	19,218	14,769	
営業利益率	26.5%	22.9%	

テーマパーク、ホテルとも20%超の営業利益率

出所）オリエンタルランド　IR資料より作成、コメントは筆者
注）会計基準は日本基準
＊2021年3月期は日経会社情報オンライン予想(7/30)、入園者数は日経予想に基づき筆者試算

たって高水準の利益を蓄積してきた結果として**自己資本比率80％程度、現金残高も月商の5～7カ月分と安全性も極めて高いことが確認できます。このようにオリエンタルランドは数字の面では日本有数のエクセレントカンパニーです。**

こうした体力を背景に、新しいアクションやホテルへの投資も毎年積極的に行い続けることでリピーターも飽きさせず、また新たなファンを生み出し続けているのがオリエンタルランドの強みです。東京ディズニーランドの開業は1983年に遡るため2代、3代にわたる熱心なファンも多く、このようなリピーターが同社の業績を支えています。

4カ月休園で現金は半減

コロナの感染が広がるなか、**オリエンタルランドは東京ディズニーリゾートの営業を2月29日から6月30日までまる4カ月間休園しました。**

同社の決算期は3月なので、4カ月の休園のうち最初の1カ月分は2020年3月期決算に、残り3カ月分の影響は次の2021年3月期決算に反映されることになります。

コロナ禍が起きる前の2019年3月期の入園者数は史上最高の3256万人でした。同社は月間の入園者数を公表していませんが、3256万人を12カ月で割ると平均の月間入園者数は271万人と計算されます。

休園した2020年3月には仮にコロナがなければ少なくとも271万人以上は上乗せされていたはずです。実際、2020年3月期（最後の3月だけ休園）の入園者2901万人とその前の期の入園者3256万人の差は355万人でした。3月は卒業・春休みというハイシーズンなので3月の休業による落ち込みは通常月より大きかったはずです。

ホテル事業への影響はどうでしょうか。コロナ前の2019年3月期のホテル事業売上は724億円なので一日平均2億円です。1カ月の休業で約60億円程度の減収になるはずです。

2020年3月期（最後の3月だけ休園）のホテル事業売上643億円とその前の期の売上724億円の差は81億円、やはり3月はハイシーズンのため通常月より打撃が大きかったものと思われます。

２０２０年４—６月の四半期決算は７月30日に発表されました。この３カ月間はまるまる休園期間だったので売上は実に95％減、営業利益、純利益とも赤字転落という厳しい結果でした。加えて**６月末の現金残高（BS上）は１７８０億円と、３カ月前（３月末）の２６１１億円から32％も減少。１年前（２０１９年６月末）の３５０６億円からほぼ半減してしまったことが目を引きます。４カ月もの休園の影響の大きさがわかります。**

営業再開でも元通りにはならない

２０２０年７月１日、ほぼ４カ月ぶりに東京ディズニーリゾートは営業を再開しました（人数を絞ったうえで予約者限り）。当日は間隔をあけて行列するマスク姿のファンが大喜びで入園していく様子をメディアは大きく報じました。

営業を再開することになった２０２１年３月期の連結業績予想についてオリエンタルランドは５月６日の本決算発表時、また７月30日の４～６月期決算発表時でも「現時点で合理的な業績予想の算定が困難なため、記載しておりません」と示していませんが、日経会社情報オンラインの予想（７月30日）では、売上は27％減の３４００億円、営業利益は60％減の390億円と大きな減収減益が見込まれています。

この決算期1年間では4分の1にあたる3カ月が休園期間なので、単純計算では売上は例年より25％減少しそうですが、3400億円という売上見込みはコロナ前の2019年3月期の売上5256億円に対して35％も減少することになります。その理由は**入園を再開した2020年7月1日以降でも予約制で一日入園者を通常時（コロナ以前の2019年3月期の平均は一日約9万人）の半分以下におさえているため、入園が再開されたからといって元通りの客入りには遠く及ばない**ためです。8月の休日に実際に東京ディズニーリゾートを訪れましたが、東京駅―舞浜駅間で往復とも余裕をもって座れたことには驚かされました。

2021年3月期の入園者数予測はありませんが、オリエンタルランドの過去の業績からは「入園者一人あたり1万6000円の連結売上」がもたらされていることが経験的にわかるため、売上3400億円に対する入園者数は2120万人程度と推測されます。これはコロナ前より35％もの減少率になります。

入園者数が年間2120万人まで落ち込むとすれば、2002年3月期（2200万人）以来、実に19年ぶりの低水準ということになります。

入園者2120万人は、コロナ以前より約1000万人、売上で約1600億円（一人あたり連結売上1万6000円という前提）もの減少に相当します。

多くの熱心なファンに支えられ、高収益を誇ってきたオリエンタルランドにとってもコロナの打撃がいかに大きなものかがわかります。

同社の手元流動性（BS上の現金＋短期有価証券）は2019年3月末で約4000億円あったのが、休園によって2020年3月末で約2800億円、6月末で1800億円余りと急減しています。それでもまだコロナ前の月商の4カ月分程度に相当しますが、**今後発表される第2四半期決算（9月末）以降では手元流動性の水準がどうなるか注目されます。**

オリエンタルランドは、2020年4月28日開催の決算説明会（この時点では営業再開時期未定）では「資金繰りに関しましては、休園が続いてもまずは手元資金で対応していきますが、直接・間接含め資金調達枠の確保も社内では検討しています」としていましたが、7月30日の第1四半期決算説明会では「資金が必要になった場合にも機動的かつ柔軟に必要な金額を調達できるよう」5月に2000億円のコミットメントライン（融資枠）契約を締結したことが明らかになっています。

オリエンタルランド　東日本大震災(2011.3.11)前後の業績推移

単位：100万円(入園者数除く)

	2010年3月期	2011年3月期	2012年3月期
入園者数	2,581万人	2,536万人	2,534万人
売上	371,414	356,180	360,060
営業利益	41,924	53,664	66,923
当期純利益	25,427	22,907	32,113

出所)オリエンタルランド IR資料より作成

東日本大震災との比較

東京ディズニーランドが開業した1983年（東京ディズニーシーは2001年）以降、コロナ禍が起きるまで、オリエンタルランドがこれまでまとまった期間に休園を余儀なくされたのは2011年の東日本大震災のときでした。

このときの休園は3月11日の地震発生の翌日3月12日から4月14日（東京ディズニーランド）、4月27日（東京ディズニーシー）まで約40日ほど続きました。年度末をまたいで休園が続いたのはコロナと同じですが、コロナでの休園期間約160日に比べると4分の1でした。東日本大震災前後でのオリエンタルランドの主要指標の変化を見ると、表のように年間通じてならすと、一見大きな影響はなかったかのように見えてしまいます。

東日本大震災の後の休園と比べても、改めてコロナの影響がいかに大きかったかがわかります。

こうしたことも反映してオリエンタルランドは2020年3月以降、時価総額で任天堂に抜かれたことがニュースになりました。3月時点では東京ディズニーリゾートの休園がいつまで続くかわからない一方、任天堂はSwitchがいわゆる巣ごもり消費で大ヒットとなり明暗が分かれたためです。本書執筆時点（8月）でもまだ任天堂の時価総額が上回る状況は変わっていません。

4カ月休園でもヤバくならない理由

このようにコロナ禍はエクセレントカンパニーであるオリエンタルランドにも史上最大の衝撃をもたらしたことは確かですが、改めて2021年3月期の業績予想を見てください。

確かに大幅な減収減益ですが、それでもまだ営業利益率10％以上を維持する見通しであるのは驚くべきことです。当期純利益もまだ黒字を維持するので自己資本を毀損することにはなりません。したがっておそらく2021年3月期末でも自己資本比率はこれまで通り80％程度を維持するものと思われます。

4カ月間まるまる、すなわち1年の3分の1も休園してほぼキャッシュが入ってこ

なくなったにもかかわらず、経営の土台が揺らぐに至っていないのは、ひとえにオリエンタルランドがこれまで築いてきた強固な財務体質（自己資本比率8割、手元資金の厚さ）によるものです。このような会社は稀ですが、同じ特性をもつのが任天堂です。巻末コラムの「売上7割減でもヤバくならない任天堂の秘密」もあわせて確認ください。

日本マクドナルドHD

コロナ禍前後での時価総額の変化

2019年12月末	→	2020年6月末
6,967億円	増加率 11.1%	7,738億円

（注）この間の日経平均株価は▲5.8%下落

業務内容
（日経会社情報オンラインより抜粋転載）

【ハンバーガーチェーンを展開、外食売上高首位】

世界的ハンバーガーチェーン『マクドナルド』を日本で展開する日本マクドナルドの持ち株会社（米マクドナルド・コーポレーションが50%出資）。チェーン全店売上高で外食業界トップ。

2014年の期限切れ肉混入問題、2015年の異物混入問題により客離れが起きたが、安全・安心、QSC（品質・サービス・清潔さ）、人材、店舗（既存店）への投資に経営資源を集中して「V字回復」。2019/12期はチェーン全店売上高が9期ぶりに過去最高を更新した。

コロナでも業績を伸ばした企業の秘密

時価総額を増やし増収増益

コロナで多くの企業が打撃を受けた一方、中には業績を伸ばしている企業もあります。序章の最後には時価総額も伸ばし、増収増益が見込まれている2社を取り上げます。まずハンバーガーの日本マクドナルドＨＤ（以下、マクドナルド）です。

外食業界もコロナ禍で大きな打撃を受けています。多くの店では外出自粛や緊急事態宣言で休業や時間短縮営業を迫られ、営業を再開しても客足が元には戻らないため苦境が続いています。来店客の減少を少しでも補うために、それまで対応していなかったテイクアウトに急遽乗り出す店も多く見られます。

こうしたなかで、外食業界最大手のマクドナルドがコロナ禍の中でも時価総額を増やし、増収増益決算を見込んでいるのはなぜなのか、決算データを通じて確認していきます。

なお日本マクドナルドHDは持株会社で、その100%子会社が日本マクドナルド㈱という関係ですが、他に有力な子会社はありません。

何が異なる？　直営店とフランチャイズ店

同社の最近の業績は表にある通りです。2019年12月期の売上が「顧客支払売上（全店売上）」5490億円と「会計上売上」2817億円の2つあります。どういうことでしょうか？　顧客の立場からは普通区別がつきませんが、マクドナルドの店舗（国内約2900店）には直営店約900店弱とフランチャイズ店約2000店強の2種類があります。

直営店で顧客がハンバーガーとドリンクなどを注文して600円支払うと、その600円はすべてマクドナルドの売上にカウントされます。つまり直営店では顧客支払売上＝会計上売上になります。

ところがフランチャイズ店で同じメニューを600円で注文しても、その600円はそのままマクドナルドの会計上売上になりません。フランチャイズ店の売上がマクドナルドに反映されるのは20数%に相当するロイヤルティ（フランチャイズ店が、フ

コロナ直撃

日本マクドナルドHD　連結業績　単位：100万円、%

	2018年12月期	2019年12月期	2020年12月期*
顧客支払売上(全店売上)	524,203	540,959	571,000
会計上売上	272,257	281,763	287,000
営業利益	25,045	28,018	29,000
営業利益率	9.2%	9.9%	10.1%
当期純利益	21,939	16,885	18,200
総資産	210,037	221,696	
自己資本	146,226	159,295	
自己資本比率	69.6%	71.9%	
ROE（当期純利益／自己資本）	15.0%	10.6%	
営業キャッシュフロー	34,817	44,952	
投資キャッシュフロー	▲10,115	▲14,569	
財務キャッシュフロー	▲7,344	▲15,102	
期末現金残高	43,326	58,624	

コロナ禍の2020年12月期も増収増益見込む。営業利益率は約10%維持

自己資本比率7割と高い安全性。有利子返済進み残高5億円と実質無借金

ハンバーガーの営業CFを設備投資（投資CFマイナス）、配当や有利子負債返済(財務CFマイナス)にあてる健全な姿。現金残高も高水準

出所)日本マクドナルドHD　IR資料より作成、コメントは筆者
注)会計基準は日本基準
＊2020年12月期は日本マクドナルドHD予想(8/12)

ランチャイズ本部としてのマクドナルドに支払う経営指導料）140円あまり（推定）だけで、これが会計上売上になります。

このようにフランチャイズシステムを用いる会社では、実際に顧客が支払う金額よりも会計上の売上が小さくなるので要注意です。フランチャイズシステムをとる代表的な業界はコンビニです。そのためコンビニ各社の決算データを見ても必ず「チェーン全店売上高」（顧客が支払う金額）と、主にロイヤルティ収入からなる「売上（会計上の売上）」の2種類が表示されています。

マクドナルドの売上構成

	期末店舗数	顧客支払売上	会計上売上	1日平均顧客支払売上
直営店	886店	1,971億円	1,971億円	60.9万円
フランチャイズ店	2,024店	3,519億円	846億円	47.6万円
合計	2,910店	5,490億円	2,817億円	55.9万円

注)1日平均顧客支払売上＝顧客支払売上÷店舗数÷365日
出所)日本マクドナルドHD IR資料より作成

マクドナルドの売上は上の表のように構成されています。（マクドナルドが開示しているデータに基づき、筆者の推定含む）。

このようにマクドナルドの売上の意味を理解したところで、コロナ前の決算データがどうだったかを見ていきます。同社は12月決算なので、２０１９年12月期決算まではコロナの影響を全く受けていません。

顧客支払売上は約５５００億円、会計上売上は約２８００億円、営業利益率（会計上売上に対して）は約10％、自己資本比率は７割で総資産２２００億円に対して有利子負債はわずか5億円と実質無借金、キャッシュフローも、ハンバーガーからあがる営業ＣＦを設備投資（投資ＣＦのマイナス）や配当・有利子負債返済（財務ＣＦのマイナス）にあてても現金残高を積み増しているという状況で、**財務３表の動きは順調そのものです。**

「業務内容」にもあった通り、同社は２０１４～２０１５年に期限切れ肉混入問題、異物混入問題を相次いで起こして客離れが進み、この2年間は大きな減収・赤字に陥りましたが完全に復活した形です。

客数は減っても客単価がそれ以上に上昇

このように好調な業績を続けるマクドナルドに、コロナはこれまでどのような影響を与えたのでしょうか？

同社は12月決算なので既に第2四半期（2020年1～6月）決算を発表済みです。この6カ月間は顧客支払売上6・1％増、会計上売上2・0％増と増収、営業利益は0・7％増、純利益は4・9％減と堅調な決算でした。

マクドナルドは2020年12月期通期予想も開示しています。これによれば、**いずれの指標で見ても増収増益が見込まれており、コロナで企業業績が総崩れに近い状況のなかでマクドナルドの強さが目立ちます。**

ほとんどの飲食店がコロナで大打撃を受けているなかで、マクドナルドはなぜこのように好調さを維持できているのでしょうか？

これを解き明かすために、同社が開示している毎月の売上・客数・客単価の対前年同月比の数字を確認します。

マクドナルド　売上・客数・客単価（前年同月比）の推移

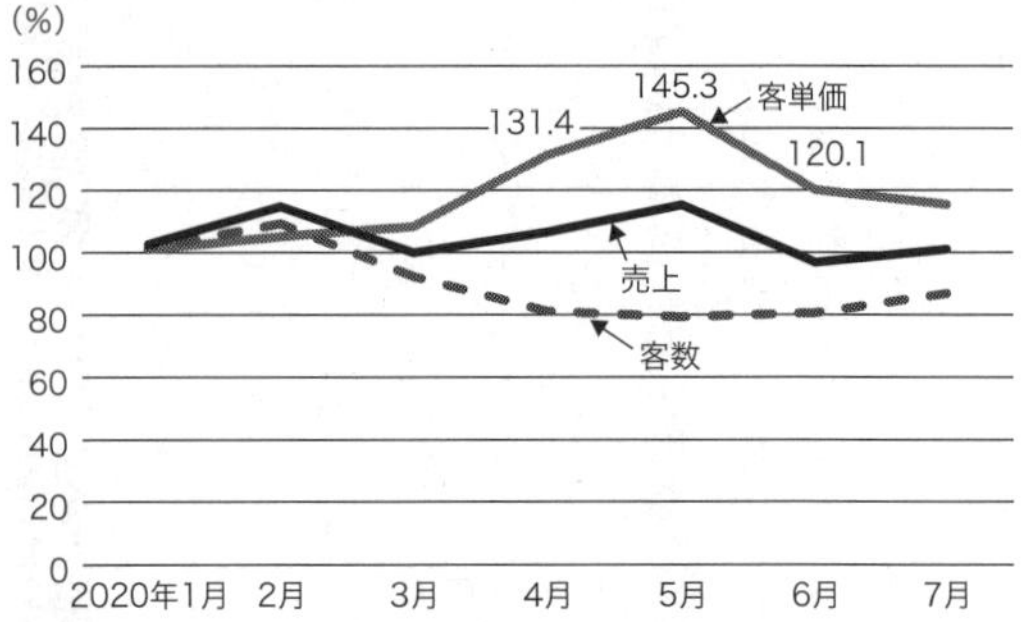

注）客数伸び率×客単価伸び率＝売上伸び率
出所）日本マクドナルドHD IR資料より作成

２０２０年１月には大きな変化は見られませんが、２月には客数、客単価とも伸びて売上は14・７％増でした。２月といえば連日クルーズ船ダイヤモンド・プリンセス号の様子が報道されるなど国内でもコロナへの警戒が高まり始めていた時期ですが、「ごはんバーガー」のヒットなどが貢献しました。

ところが一転、３月（２日から全国の小中高校が一斉休校開始）には客数は７・７％減少、売上も０・１％減少と暗雲がたちこめます。

この後の４月以降の数字の動きがマクドナルドの特性を強く反映しています。**４月以降は毎月、客数は約20％程度減り続けているのに、客単価は４月31・４％、５月45・３％、**

6月20・1%と激増しているのです。そのため売上も4月、5月には対前年で増加を記録しています。

キーワードは「持ち帰り」と「デリバリー」

4月の緊急事態宣言を受け、マクドナルドでも多くの店で店内客席の終日ないし夜間利用中止、営業時間の短縮、一部では閉店という厳しい対応を迫られたにもかかわらず増収になったというのはどういうことでしょうか。

その理由は右の表で見たように4月以降、**客数は2割も減ったのに、その減った顧客が以前より多くのハンバーガーやドリンクなどを買っていったためです。**マクドナルドの月次IRニュースでは家族など「複数人数分のご注文が多いお持ち帰り、ドライブスルー、デリバリーのご利用が増えたため」と説明されています。**つまり客数減少を上回るペースで客単価が急上昇したことでコロナ禍のなかでも売上を増やすことに成功したのです**（注：客数伸び率×客単価伸び率＝売上伸び率）。

5月には緊急事態宣言の解除を受けてテーブルや椅子の間隔を空けるなどの対応をしたうえで順次、店内客席の利用も再開されました。

6月の客数は対前年約80％のまま変わらずでしたが、客単価が20％増とそれまでの2カ月より伸びが落ちたため、結果的に売上は3カ月ぶりに対前年マイナスとなりました。7月には再び売上はプラスに戻っています。

なお6月にはモバイルオーダーでの注文を店舗駐車場で受け取る「パーク＆ゴー」を開始、6月末では270店舗で展開されています。

このように、コロナ禍でも増収増益と業績を伸ばし続けるマクドナルドの強さを示すキーワードは「持ち帰り」と「デリバリー」にあります。

2020年12月期第2四半期（1～6月）の決算短信では中期経営目標で注力する「4つの取り組み」があげられていますが、デリバリーについては次のように説明されています。

「デリバリーは今後も大きく成長が期待される、ポテンシャルの高いマーケットです。マクドナルドのクルーがお届けするマックデリバリーサービス（MDS）とUber Eats等外部パートナーとの提携による2本柱で、デリバリーサービスを展開しております。2020年6月末時点で、デリバリー実施店舗数は、MDS478店舗、Uber Eats900店舗、デリバリーサービス実施店舗数の合計は1074店舗、前年同期比倍増となりました」

※注　MDSとUber Eats両方対応している店があるので合計は一致しない

1074店は6月末時点の店舗数2909店に対して37%にあたります。**コロナの収束が見えないなか、マクドナルドは今後も未導入店（店舗での6割強）へのデリバリー対応を急ピッチで進めていくものと予想されます。**あわせて持ち帰り需要に対応しやすくするために、デリバリーでは既に導入されている複数人数分のセットメニューの投入も考えられているかもしれません。

ヤマトHD

コロナ禍前後での時価総額の変化

2019年12月末		2020年6月末
7,679億円	増加率 24.8%	9,584億円

（注）この間の日経平均株価は▲5.8%下落

業務内容
（日経会社情報オンラインより抜粋転載）

【宅配便最大手。小口貨物主力に幅広く事業を展開】

全国各地に拠点を有する宅配便の最大手。一般消費者・企業向け小口貨物の輸送が主力。

主力のデリバリー事業では宅急便やクロネコDM便といった小口貨物の配送サービスを手掛ける。BIZ-ロジ事業では企業向け物流サービス、ホームコンビニエンス事業では引越し・生活関連サービスを提供。ほかに、情報システム開発などのe-ビジネス事業、決済・集金代行サービスを提供するフィナンシャル事業、車両整備などのオートワークス事業を展開している。

<売上構成>（2020/3期連結、外部顧客への営業収益）：　デリバリー事業80%、BIZ-ロジ事業9%、ホームコンビニエンス事業2%、e-ビジネス事業2%、フィナンシャル事業5%、オートワークス事業2%、その他1%。

宅配便シェア4割台で首位

収益性は佐川が上回る

宅急便で知られるヤマトＨＤ（以下、ヤマト）は上場する持株会社で、その傘下に中核の事業子会社、ヤマト運輸があります。

ネット通販の普及などを背景にして宅配便取扱個数はほぼ年々増加を続け、２０１９年３月期には国内合計42・３億個にも達しています。トップはヤマト運輸（シェア42・３％、約18億個）、２位の佐川急便（29・２％、12億個強）、３位の日本郵便（22・１％、９億個強）の３社で市場を分けあっています。宅急便の年間約18億個は一日平均５００万個にもなります。ヤマト運輸のシェアは毎年多少の上下はあるものの、過去10年間、40％台は変わっていません。

※注　「宅配便」は一般名詞ですが、クロネコがトレードマークの「宅急便」はヤマトＨＤの登録商標です

コロナ直撃

ヤマトHD 連結業績

単位：100万円、%

	2019年3月期	2020年3月期	2021年3月期＊
宅急便(個)	18.03億個	17.99億個	19.96億個
売上	1,625,315	1,630,146	1,638,000
営業利益	58,345	44,701	64,000
営業利益率	3.6%	2.7%	3.9%
当期純利益	25,682	22,324	33,000

総資産	1,123,659	1,100,739	
自己資本	565,841	555,173	
自己資本比率	50.4%	50.4%	

ROE（当期純利益／自己資本）	4.5%	4.0%	

営業キャッシュフロー	118,093	74,433	
投資キャッシュフロー	▲ 54,872	▲ 49,943	
財務キャッシュフロー	▲ 70,947	▲ 22,368	
期末現金残高	194,650	196,662	

売上規模は大きいが、営業利益率は2～3%台で低収益。SGHD(佐川急便)に見劣り

コロナ禍のなかでも増収増益、利益率上昇の見通し

自己資本比率は約50%と高水準。有利子負債は総資産の約1割、1,000億円と少ない

営業CFのプラス(利益と減価償却費が半々)を設備投資(投資CFマイナス)、有利子負債返済・配当(財務CFマイナス)にあてる健全な流れ

事業セグメント別

	2019年3月期	2020年3月期	2021年3月期*

デリバリー事業＝宅急便など小口貨物輸送サービス

売上	1,297,222	1,310,067	1,361,000
営業利益	40,787	27,249	51,000
営業利益率	3.1%	2.1%	3.7%

ノンデリバリー事業＊＝デリバリー以外の5事業の合計

売上	313,384	304,312	262,000
営業利益	14,982	16,199	17,000
営業利益率	4.8%	5.3%	6.5%

主力のデリバリー(宅急便)事業は連結営業利益の6～7割を稼ぐが、その利益率はノンデリバリー事業より低い

出所)ヤマトHD　IR資料より作成、コメントは筆者
注)会計基準は日本基準
＊2021年3月期はヤマトHD予想(7/31)
＊ノンデリバリー事業＝BIZ-ロジ事業、ホームコンビニエンス事業、e-ビジネス事業、フィナンシャル事業、オートワークス事業の合算

まずヤマトの業績を概観します。売上は約1兆6000億円と大きいですが、営業利益率は3％前後と低収益です。株式市場でヤマトとよく比較されるのはSG HD（傘下の事業会社が佐川急便）です。

SG HDの売上は1兆1000億円台とヤマトより5000億円程度少ないですが、営業利益率はヤマトの倍の6％台、最近では700億円台の営業利益をあげており、利益額ではヤマトを上回っています（2020年3月期）。こうした収益性の差を反映し、時価総額でもSG HDはヤマトを上回っています。

宅急便は薄利多売、低収益

バランスシートを見ると自己資本は50％程度と安全性は高水準にあります。表には記載していませんが、総資産約1・1兆円のうち有利子負債は約1000億円程度と低水準です。

キャッシュフローは宅急便などが稼ぐ営業キャッシュフローを、設備投資（投資キャッシュフローのマイナス）、有利子負債返済・配当（財務キャッシュフローのマイナス）にあてるという健全な流れであることが確認できます。

事業セグメントは「その他」を除いても6つに分かれていますが、**売上の8割、営業利益の6～7割と圧倒的なウェイトを占めるのが宅急便を中心とするデリバリー事業です。**

デリバリー（宅急便）事業の売上約1・3兆円のうち、大半の約1・2兆円が宅急便からの売上です。1・2兆円を宅急便取扱個数の約18億個で割ると平均単価676円と計算できます。

デリバリー事業の営業利益率は2～3％程度です。宅急便の平均単価は676円なので平均すると一個あたりの営業利益はその2～3％、すなわち10数円から20円程度ということになるので**まさに薄利多売の事業といっていいでしょう。**

SGHDのデリバリー事業セグメント（佐川急便の宅配便＝飛脚宅配便が中心）の営業利益率は6％あるので、やはり宅急便の利益率の低さが目立ちます。

看板商品（サービス）である宅急便の収益性がこれだけ低いということが、投資家から見るヤマトの大きな課題です。

デリバリー事業以外にはBIZ-ロジ事業、ホームコンビニエンス事業、e-ビジネス事業、フィナンシャル事業、オートワークス事業の事業セグメントがありますが、各々の金額が小さいので、表ではこれらデリバリー事業以外の5事業を合算して「ノンデリバリー事業」としてまとめて記載しています。ノンデリバリー事業の営業利益率は約5％とデリバリー事業（宅急便）（2～3％）より高くなっており、利益貢献度は相対的には高い事業です。

個人間、ネット通販の荷物が大きく増加

このように宅急便を主力事業とするヤマトにコロナはどのような影響を与えたでしょうか？　多くの方が想像する通り、**宅配便はコロナでプラスの影響を受けた数少ない業界で、ヤマトも同様です。**

外出自粛で多くの人がステイホーム、いわゆる「巣ごもり」をせざるをえなくなり、日常の買い物もままならなくなったため、アマゾン、楽天などのネット通販の需要が急増したことを背景に、ヤマトの宅急便をはじめとする宅配便の利用も大きく伸びました。

ヤマトは宅急便取扱個数の実数と対前年伸び率を月次ベースで開示しています。

ヤマトHD　宅急便　取り扱い個数（前年同月比）の推移

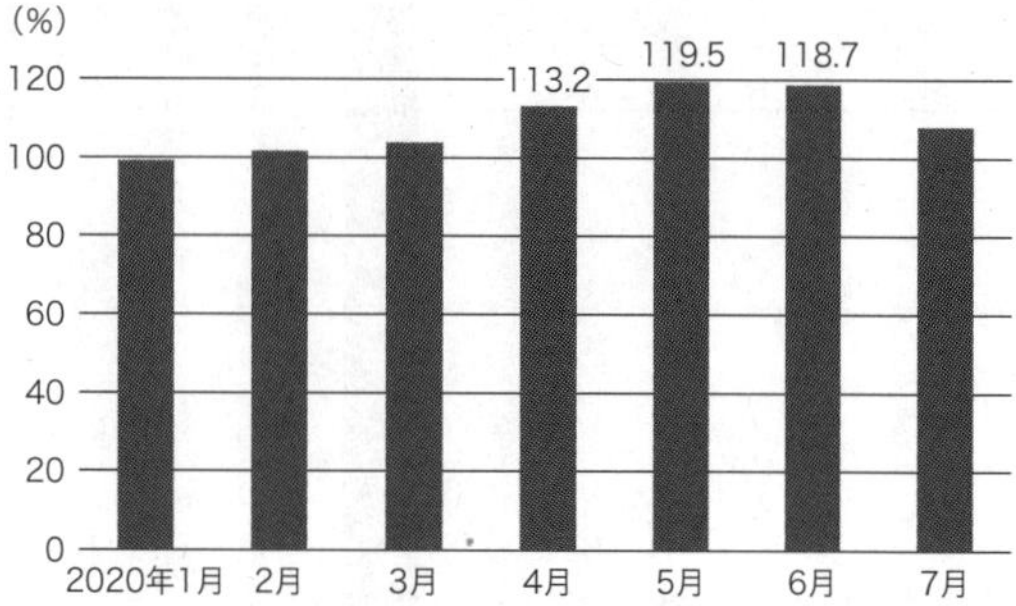

出所）ヤマトHD IR資料より作成

２０２０年1月以降のデータを見ると、1月、2月まではほぼ対前年１００％だったのが、一斉休校が始まった3月には１０３・９％と伸びはじめ、**緊急事態宣言が出た4月には１１３・2％と2ケタの伸びになりました。**

この数値が２ケタの伸びを見せたのは２０１６年9月以来実に3年7カ月ぶりのことです。そして5月、6月には各々１１９・5％、１１８・7％と対前年ほぼ20％というさらに高い伸びが続いていることが確認できます。

これに関連して２０２０年3月期決算説明会（5月18日）の資料では3、4月の出荷元（個人、大口法人、小口法人）別の対前年伸び率が示されています。

これによれば4月には個人からの荷物は40～60％増、大口法人（アマゾンなど）からは10～20％増の一方、小口法人からの荷物は前年割れになっていることがわかります。この資料には以下の説明も付されています。

・個人間やＥＣで主に食料品や衛生用品を中心に増加（外出自粛や巣ごもり消費）
・小口法人の荷動きが軟調（製造業の生産活動や貿易の停滞、営業自粛）

コロナの影響にはプラスだけでなく、当然マイナスもあります。２０２０年３月期決算説明会での質疑にはコロナ感染症拡大の影響として、プラス、マイナス各々次のような点が説明されています。

〈プラス〉
・衛生用品や食品などの巣ごもり消費の拡大
・不在率の減少による生産性改善　等
〈マイナス〉
・ＢtoＢ（企業間）を中心とした宅急便やロジスティクス関連の取扱減少
・引越需要の減少　等

総じて、個人間やアマゾンなどのネット通販の荷物は大きなプラスになった一方で、企業間の荷物は停滞してマイナスになりましたが、プラス効果がマイナス効果を上回る状態が継続することで、次に見るように2021年3月期には増収増益が見込まれていると考えていいでしょう。

2021年3月期は大幅増益予想

2021年3月期の業績予想については5月15日の本決算発表時に、ヤマトは他の多くの会社同様「新型コロナウイルス感染症による影響を現時点で合理的に算定することが困難であるため未定」としていましたが、7月31日の4~6月決算発表時に通期の業績予想を開示しました。

それによれば売上は1兆6380億円と0・5%の微増ですが**営業利益640億円（43%増）、純利益330億円（48%増）と大幅な増益が見込まれています。この増益率は先に見たマクドナルドよりも高い水準です。**

ヤマトの時価総額増加率（2019年12月末から2020年6月末まで）が24・

8％増とマクドナルド（11・1％増）を大きく上回っているのは、このようなヤマトの好調ぶりを先取りしたものと考えられます。

決算書の見方1

財務3表の関係

■財務3表というのは

①バランスシート（貸借対照表）
②損益計算書
③キャッシュフロー計算書

の3つを示します。このうち、バランスシートはストック（ある一時点＝通常、期末の財政状態を示す）、損益計算書とキャッシュフロー計算書はフロー（通常、決算期1年間の経営成績を示す）のデータです。

会計の教科書やビジネス会話では、バランスシート「Balance Sheets」を略してBS、損益計算書「Profit and Loss statement」をPL、キャッシュフロー計算書「Cash flow Statement」をCSないしCFと呼ぶのが一般的です。

ただし実際の英文の決算書では、バランスシートは「Balance Sheets」の他にも「Statement of financial position」などと表記されることがあります。また損益計算書は「Statement of income」ないし「Statement of operations」と表記されることが多く、「Profit and Loss statement」を実際の英文の決算書では見ることはありません。

財務3表各々の意味するもの

これら3表の基本的な見方は以下の通りです。

①バランスシート（貸借対照表）

企業がどのように資金を集め（バランスシートの右側＝負債・資本）、その資金が何に投じられているか（左側＝資産）を示したのがバランスシートです。

バランスシートは、主に企業の安全性を確認するのに用いられます。安全性を示す最も代表的な指標が自己資本比率（自己資本を総資産で割った比率）で、この**自己資本比率が高いほど、安全性が高いとみなされます。一般には30〜40％以上あることが望ましく、10％以下だと危険水域とされます。**

自己資本がマイナスの状態を債務超過と呼びます。債務超過は破綻寸前の危険な状態を示します。いわば、実質レッドカードの状態です。

②損益計算書

企業が一定期間（決算期間の1年間ないし半期、四半期）に活動し、いくらの売上があり、どのような費用が発生して、結果、どれだけ利益や損失が出たかを示すのが損益計算書です。

損益計算書は主に企業の成長性（売上、利益）、収益性（売上に対する利益率）を確認するのに用いられます。なおROE（Return on Equity、自己資本利益率）も収益性を示す指標ですが、ROEの分子（純利益）は損益計算書、分母（自己資本）はバランスシートからとられます。つまりROEはPLとBSの複合指標なのです。

日本の会計基準では損益計算書には利益が5段階もあるのが特徴です。売上総利益、営業利益、経常利益、税引前純利益、税金を引いた後の純利益です。

各々の関係は以下のように示されます。

売上－売上原価＝売上総利益
売上総利益－販売費および一般管理費＝営業利益
営業利益＋営業外収益－営業外費用＝経常利益
※営業外収益は受取利息、持分法投資利益、為替差益など
※営業外費用は支払利息、持分法投資損失、為替差損など
経常利益＋特別利益－特別損失＝税引前純利益
※特別利益は土地売却益など
※特別損失はいわゆるリストラ費用、災害による損失など
税引前純利益－税金等＝純利益

このような損益計算書の構造は日本の会計基準に特有のものであることに注意が必要です。ＩＦＲＳ（国際会計基準）や米国基準では営業外収益・損失、経常利益、特別利益・損失という概念がありません（詳しくは「決算書の見方３　会

計基準の違い」を参照)。

③キャッシュフロー計算書

財務3表のうち、キャッシュフロー計算書は日本の上場企業には2000年3月期決算から開示が義務づけられた、比較的新しい財務諸表です。

そのためか言葉は知られていても、その読み方まで理解している人は多くないのが実情です。キャッシュフロー計算書の要点は、以下の3点です。

・企業は本業の「営業キャッシュフロー」で稼いだキャッシュを
・設備投資やM&Aなどの「投資キャッシュフロー」に回し
・借金返済や配当、自社株買いなどの「財務キャッシュフロー」に回す

という一連のキャッシュの流れがどうなっているのかを示したものです。

キャッシュフローは人体の血液の流れにも例えられます。キャッシュが順調に生成して流れているかどうか、キャッシュの流れに何か異常なことはないかを見

るのがキャッシュフロー計算書の目的です。

見方としては営業キャッシュフローは常にプラス（キャッシュイン）であることが必要です。本業のビジネスでマイナス、すなわちキャッシュが生み出されていないとしたらそれだけでまずいことです。

多くの場合、投資キャッシュフロー、財務キャッシュフローはマイナス（キャッシュアウト）であることが一般的です。これらの数字がマイナスになっているからといって「この会社、赤字だから大変だ」などと慌てる必要はまったくありません。

財務3表は個別に存在するわけではなく、各々は関連しあっています。財務3表相互の関係には様々なものがありますが、特に重要なものを以下では説明しておきます。

■バランスシートと損益計算書の関係

損益計算書には複数の利益がありますが、税金を引いた後の最後の「純利益」

バランスシートと損益計算書の関係

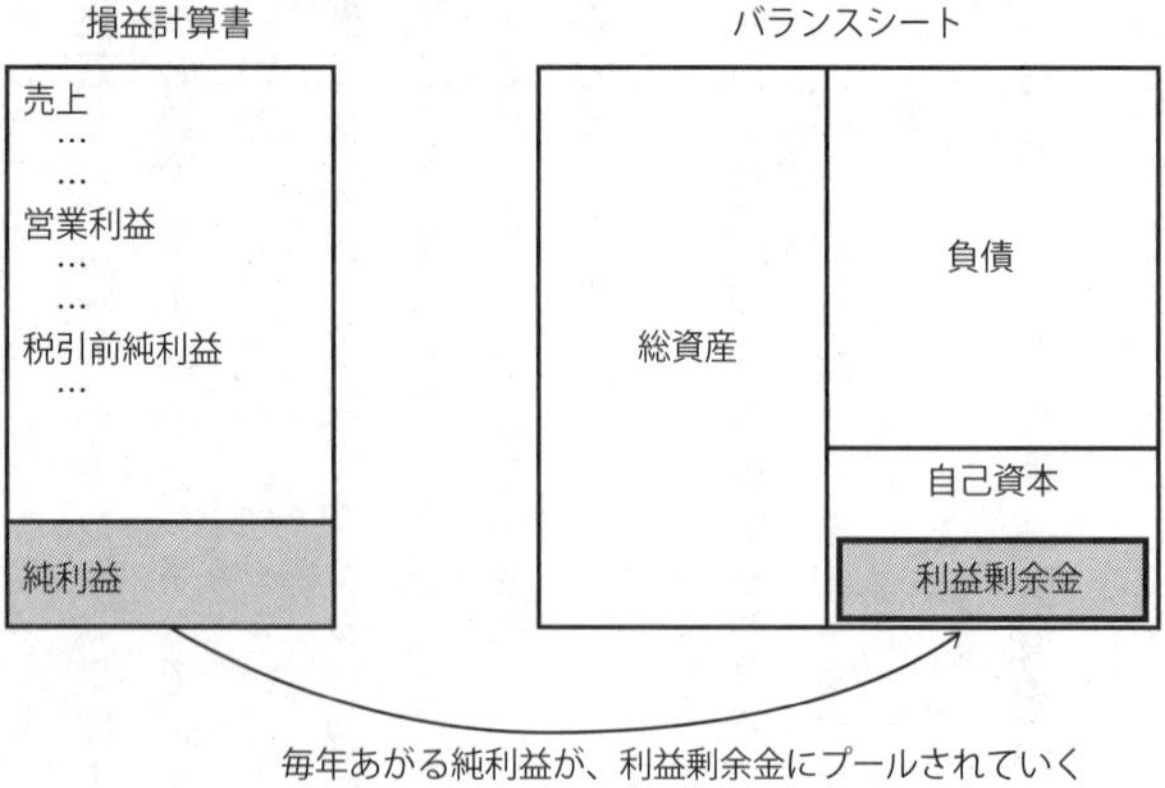

が、その期末のバランスシートの自己資本（自己資本の構成要素である「利益剰余金」）にプールされていきます（正確には純利益から配当、自社株買いなどを除いた金額がプールされていく）。

この利益剰余金というものは、会計になじみのない人にとっては耳慣れない用語だと思いますが、英語では「retained earnings」といい、直訳すれば「保持された利益」、意訳すれば「過去からためこんだ利益」です。要はその会社が過去これまでに毎年の損益計算書であげてきた累積の利益が「利益剰余金」なのです。

　したがって、**長年にわたって高い純利益をあげている会社のバランスシートは必然的に利益剰余金、ひいては自己資本が積み上がっていき、自己資本比率は高くなっていきます。**

　逆に、毎年純利益がマイナス（純損失と呼ぶ）の会社は、毎年、利益剰余金、ひいては自己資本を減らしていく（自己資本を毀《き》損《そん》するという）ため、自己資本比率はどんどん下がっていきます。

　この関係をよく表しているのが1章の日本航空とスカイマーク、4章の東芝です。各社とも経営不振で純損失を続けることによって自己資本（比率）が急落していく様子がデータで示されています。

■損益計算書とキャッシュフロー計算書の関係

　損益計算書の税引前純利益が、営業キャッシュフロー（本業でどれだけキャッシュを稼ぐかを示す指標）の起点のベース項目になります（会計基準が日本基準の場合。IFRS、米国基準では起点の利益が異なる）。これに減価償却費や減

損益計算書とキャッシュフロー計算書の関係

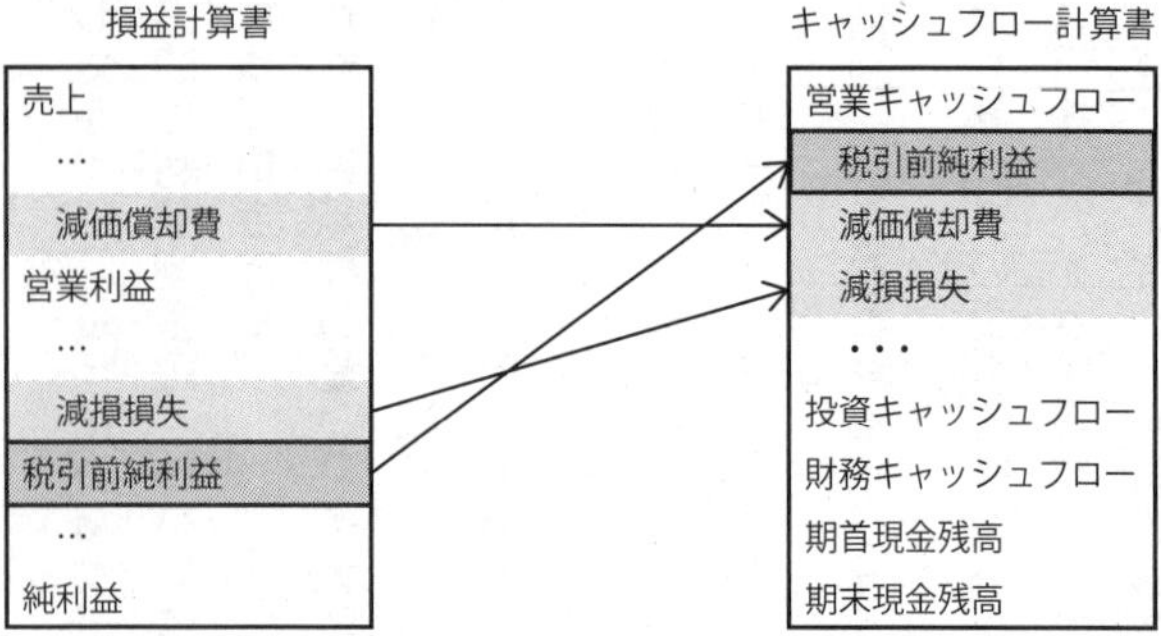

損損失を足し（これらは損益計算書では費用だが、キャッシュアウトを伴わないので足し戻す）、様々な調整を経て営業キャッシュフローが計算されます。

このように利益が営業キャッシュフローのベースになっているのですが、注意が必要なのは**利益と営業キャッシュフローはイコールではない**ことです。

損益計算書で利益が出ていても、営業キャッシュフローの計算にあたって、売掛金（取引先に販売はしたがまだ代金未回収）や在庫などが増加していれば、それは営業キャッシュフローからマイナスされます（逆に売掛金や在庫が減少すれば、営業キャッシュフローのプラス要因になる)。損益計算書で売上・利益が出ていても、その代金が現金として本当に回収されない限り、それらは帳簿上の売上・利益に過ぎないのです。

2章で見るアーバンコーポレイション、江守グループHDの2社の事例は、長く損益計算書で利益を出していても、営業キャッシュフローがマイナスという異常な状態が続いていました。これは、両社が架空の売上・利益の計上を続けて粉飾決算を行っていた可能性を強く示すものです。

■バランスシートとキャッシュフロー計算書の関係

バランスシートの左上(資産項目の最上段)に表示される現預金(キャッシュ)は、キャッシュフロー計算書で一番下に示される期末現金と基本的に一致します(両者の定義の違いがあるため完全に一致はしない)。

バランスシートに示される売上債権や棚卸資産、また仕入債務の2時点の変化は営業キャッシュフローの増減に反映されます。売上債権・棚卸資産が増加すれば営業キャッシュフローを減少させる要因に、仕入債務が増加すれば営業キャッシュフローを増加させる要因になります。

バランスシートとキャッシュフロー計算書の関係

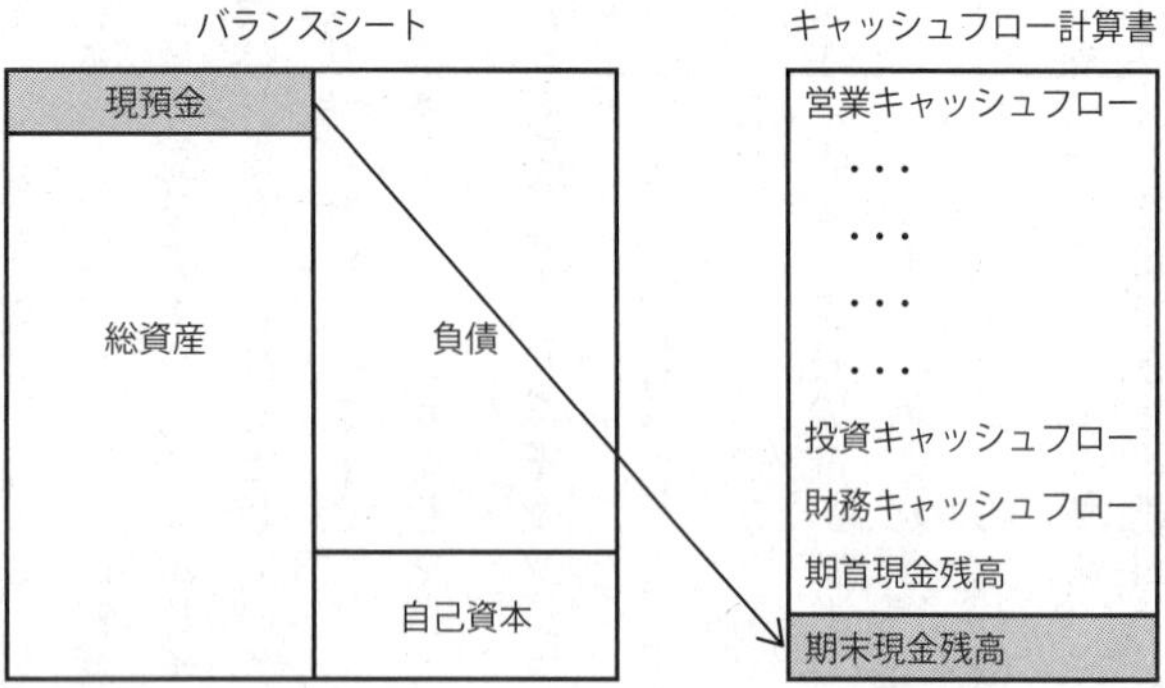

バランスシートの現預金は、キャッシュフロー計算書の期末現金に基本一致する

1章

飛べない航空会社たち
——破綻はこうして忍び寄る

日本航空 vs. スカイマーク

破綻

公益性の高い航空会社の破綻は、極めて大きな影響を社会に与えます。近年では日本航空（２０１０年）、スカイマーク（２０１５年）と上場航空会社の破綻が相次ぎ、いずれも大きな衝撃を与えました。

この章では両社が各々破綻に至った理由、またその後は両社とも予想外に短期間で再生したプロセスが決算数字でどのように示されているかを見ていきます。

スカイマーク 民事再生法

負債710億円、運航は継続

格安と競合 業績悪化

国内航空3位で経営不振が続く東証1部上場のスカイマークが自力での経営再建を断念し28日、民事再生法(3面きょうのことば)の適用を東京地裁に申請、受理された。投資ファンドのインテグラル(東京・千代田)が当面の資金を融資する方針で、燃油費などの支払いや運航は継続する。国内航空大手の経営破綻は2010年に会社更生法の適用を申請した日本航空以来、約5年ぶり。

(関連記事3面、社会面に)

《スカイマークの概要》

運航路線	羽田―福岡・札幌・那覇など約30路線
年間旅客数	約670万人(2013年度)
売上高	882億円(2015年3月期見込み)
最終損益	136億円の赤字(同上)
従業員数	約2200人

西久保社長が退任

欧州エアバスからは損害賠償を求められている

負債総額は710億円で、欧州エアバスから求められている最大7億ドル(約820億円)の損害賠償など簿外の債務を加えると1千億円超になる見通し。格安航空会社(LCC)との競争などで業績が悪化し、足元の資金繰りが行き詰まった。

会社更生法に比べ再建計画が裁判所に認められる期間が短いなど迅速に作業を進められるため、民事再生法を選択した。来週にも債権者集会を開く見込み。

28日に開いた臨時取締役会では筆頭株主でもある西久保慎一社長(59)が退任し有森正和取締役(58)が同日付で社長に就任する人事も決めた。

新社長に有森氏

有森　正和氏(ありもり・まさかず)79年(昭54年)神戸大法卒、日興証券(現SMBC日興証券)入社。80年日本合同ファイナンス(現ジャフコ)入社。04年スカイマーク執行役員、05年取締役、10年常務、14年から取締役。岡山県出身。

今後は裁判所が選任する弁護士とともにスポンサーの選定と再生計画作りに着手する。再生計画がまとまるまでの運転資金について、インテグラルがつなぎ融資の実施に名のりをあげており、運航と営業活動を継続する考えだ。ワールドのMBO(経営陣が参加する買収)などを手掛けた佐山展生氏らが率いるインテグラルは出資も含めて支援する意向だ。

海外の航空会社やリース会社がスポンサーとして興味を示している。日本でも全日本空輸や日航が候補となるが、日航は公的支援で再生したことを理由に新規投資などが制約されている。

スポンサー選びには大口債権者の意向が強く反映されるため、エアバスと米航空機リース大手のイントレピッド・アビエーションの2社が再生のカギを握ることになる。

スカイマークは1996年の設立で、規制緩和による新規参入航空会社の第1号。90年代後半以降に新規参入した大手航空会社の中で唯一、独立経営を貫いてきた。

業績好調だった11年に、エアバスから超大型旅客機「A380」を購入する売買契約を結んだが、その後、業績が悪化。支払い見通しが立たないとしてエアバスから契約解除を通知され、損害賠償を求められていた。

苦境打開に向け日航と全日空の2社と共同運航する計画を打ち出し、投資ファンドからも資金調達する方針だった。しかし、交渉が長引き、資金繰りに窮した。大手2社は現時点では共同運航について今後どう対応するか未定としている。

上場企業の経営破綻は2013年8月に東証ジャスダック上場の物流会社ワールド・ロジの破綻以来となる。

3月1日付で東証上場廃止

東京証券取引所は28日、スカイマーク株を3月1日付で上場廃止にすると発表した。東京地裁に民事再生法の適用を申請したのに伴う措置で、1月28日付で整理銘柄に指定され、約1カ月の期間をへて上場廃止となる。

2015年1月29日付 日本経済新聞

日航 更生法活用で再建

支援機構下で抜本リストラ

政府方針 12日にも決定

通常運航を継続

2010年1月8日付 日本経済新聞

日本を代表する航空会社の破綻劇

「隠れ債務」の表面化で破綻した日本航空

日本航空は2010年1月19日に会社更生法を申請して破綻しました。

同社はかつて半官半民の企業であり、1986年に全日本空輸（全日空）が国際線に進出するまでは国内で唯一の国際線をもつ航空会社でした。1987年に完全民営化されましたが、戦後一貫して日本を代表するナショナルフラッグキャリア（国を代表する航空会社）でした。その日本航空が破綻したのですから、当時、社会に与えた影響は極めて大きなものがありました。

日本航空が破綻に至った理由については様々な分析が行われています。破綻に至った理由やその他の問題をここでは第三者の視点から調査するために設置されたコンプライアンス委員会が2010年8月26日に提出した「調査報告書」から引用します（一部、意味を変えずに表現を変更。太字は筆者）。

破綻に至った要因は、以下のような経営上の課題を解決できなかったことにあると考えられる。

まず、国際線について見ると、日本航空は、**国際線の依存度が高いため、数次にわたり発生したリスクイベント※の影響を受けて、減収、赤字となった年度が多かった。**これに加えて、ドル箱路線に競合他社の進出を受けていることも、収益低下の一因となっている。

次に、国内線では、2006年3月期以降、日本航空と日本エアシステムの統合に危機感を抱いた競合他社の営業努力等と自らが招いた安全問題により、競合他社に顧客を奪われたままとなっている。（中略）

コスト面では、航空需要の見通しを誤り、機種の削減や機材の小型化が遅れたうえ、地元自治体や労働組合の反発などを考慮するあまり、**不採算路線からの撤退や思いきった人件費の削減に踏み込めず、高コスト体質が温存されることになった。**

財務面では、過去の為替差損やホテル事業・リゾート事業の失敗により従来から財務体質が脆弱であったが、その後もその体質は改善されず、借入金、社債、リースなどの負債が多額にのぼり、**2009年3月期末時点の自己資本比率は10・0%と低く、極めて脆弱な財務体質のままだった。**

上記のような収益・費用・財務の状況であったところ、2008年半ばまでの燃油高騰による経費の増加とデリバティブ取引の失敗による損失の拡大、さらにはリーマンショックによる国際線の大幅な減収により、資金繰りが急速に悪化して破綻に至ったものである。

※著者注　2001年米同時テロ、2003年SARS（=重症急性呼吸器症候群）、2008年リーマンショック、2009年新型インフルエンザなど

政権交代という大きな環境変化

この調査報告書では「資金繰りが急速に悪化して破綻に至った」としていますが、この診断はこの章後半に見るスカイマークの破綻理由に、よりフィットしています。日本航空でももちろん資金繰りの急速な悪化はありましたが、同社はずっと慢性的に脆弱な財務体質にありながら抜本的な解決が図られていませんでした。さらに、**政権**

交代という外部要因の変化の影響も受ける中で、バランスシートには出ていない大きな「隠れ債務」があることが問題視され、法的整理すなわち会社更生法適用という形での外科手術が行われました。

日本航空の破綻前の大きな外部環境変化として、政権交代があげられます。2009年8月30日の総選挙で民主党が圧勝し、9月16日に民主党政権が誕生しました。新政権の主な顔触れは、鳩山由紀夫総理、菅直人副総理（後に財務大臣兼任）、そして日本航空の問題を所管するのが前原誠司国土交通大臣でした。

同年秋ごろから同社の経営不安が伝えられる中、同社は実質債務超過にあるという報道も度々流れるようになり、株価は大きく下げ、利用者の日本航空離れの動きも加速していきました。

過去最大規模の破綻劇

日本航空を抜本的に再建する必要があることはほぼコンセンサスになっていましたが、その方法として、会社更生法などの法的整理か、私的整理にとどめるかで綱引きが演じられる中、**2009年12月末ごろまでには「会社更生法による法的整理やむな**

し」という機運が強まっていきます。

年が明けた2010年1月8日の日本経済新聞は夕刊一面トップで「日航　更生法活用で再建」と報じました。記事では「2010年3月期に1兆円超の最終損失を計上。この結果、日航は8000億円を超える債務超過に陥る見通しだ」と伝えられ、ここでも日本航空は実質的に大きな債務超過状態にあることが示されました。

その後、再建後の新会長に京セラ名誉会長の稲盛和夫氏を起用することが固まったうえで1月19日に会社更生法の申請に至りました。

グループ負債総額は2兆3000億円で、金融機関を除く事業会社では過去最大の規模の破綻劇となりました。

紙くずになった株券

異例の対応は航空会社の公益性の高さが理由

一般に会社更生法が適用されると、債権者のもつ債権は等しい割合でカットされます。しかし日本航空への適用にあたっては公益性の高い大手航空会社の破綻ということで、**金融債権以外の一般債権（利用者のマイレージ、燃料や整備部品など）はすべて保護されるという異例の対応**がとられ、飛行機の運航はこれまで同様予定通り行われ、それに必要な金融支援などが行われることが強調され、利用者の不安の鎮静化が図られました。

２０１０年2月20日には日本航空は予定通り上場廃止となりました。同年12月１日には１００％減資によってこれまでの株主がもつ株式をすべて無償で取得、株券は文字通り紙くずとなり、同時に企業再生支援機構が３５００億円を出資して唯一の株主になりました。これら一連の経緯がどのように財務データの変化に反映されているか、そのプロセスを確認していきます。

なお、日本航空は会社更生法を適用後、再上場するまでの2年あまりの間には連結財務諸表を作成・開示していません。一方でその間も単独の財務諸表は開示されていますので、ここでは入手可能な双方のデータを示しています。

まず、単体業績を見ると、**破綻前の2009年3月期には営業利益、純利益（2年連続）ともに赤字で自己資本比率はわずか5・5%にまで下**

会社更生法申請（2010年1月）

再上場（2012年9月）

会社更生法申請 2010年1月期（10カ月）	会社更生法認可 2010年11月期（10カ月）	会社更生法終了 2011年3月期（4カ月）	2012年3月期	2013年3月期	2014年3月期
1,002,464	1,054,745	321,897	969,030	989,989	1,049,247
▲142,004	114,239	32,802	153,767	136,374	121,467
▲14.2%	10.8%	10.2%	15.9%	13.8%	11.6%
▲1,344,133					
▲2,008,074	180,990	2,527,810	178,637	152,374	144,874
1,145,203	1,097,906	1,181,815	1,070,486	1,230,084	1,346,372
36,420	179,191	332,946	130,808	171,966	192,595
2,150,864	1,834,593				
▲1,713,499	▲1,532,694	178,651	360,188	516,378	741,233
—	—	1.9	0.4	0.3	0.3
▲149.6%	▲139.6%	15.1%	33.6%	42.0%	55.1%
—	—	—	49.6%	29.5%	19.5%

社更生法申請で変

銀行の債権放棄を前提とした負債を2兆円以上計上して債務超過に

2.5兆円の特別利益（貸倒引当金消滅益など）

毎年コンスタントに利益を出して自己資本を積み上げ、順調に再建進み再上場

がっており、危機的水準に落ち込んでいたことがわかります（図表A）。

　会社更生法が申請された2010年1月19日にも臨時で決算が行われていますが、ここで大きな「外科手術」が行われたことが数字の変化ではっきりとわかります。

　純利益は実に2兆円を超える巨額の損失を計上しています（「財産評定損」1兆3000億円をはじめとする1兆8000億円もの特別損失計上のため）。バランス

〈図表A〉日本航空　単体業績　　単位：100万円、%

	2008年 3月期	2009年 3月期	2009年4～12月 2010年3月期第3四半期 (9カ月)
売上	1,735,035	1,664,700	
営業利益	69,438	▲62,588	
営業利益率	4.0%	▲3.8%	
財産評定損(特別損失)			
当期純利益	▲6,771	▲68,132	
総資産	1,850,353	1,652,333	単体決算の開示なし
有利子負債	983,651	834,168	
更生債権等	—	—	
自己資本	165,733	91,658	
負債資本倍率(有利子負債／自己資本)(倍)	5.9	9.1	
自己資本比率	9.0%	5.5%	
ROE(当期純利益／自己資本)	▲4.1%	▲74.3%	

連続した大きな赤字で自己資本比率1ケタに低下

出所）日本航空IR資料より作成、コメントは筆者
注）会計基準は日本基準

シートの変化はさらに顕著です。総資産は1兆6000億円から1兆1000億円へと大きく縮み、負債側では「更生債権等」という見なれない項目（銀行の債権放棄を前提として計上した項目）が2兆円も計上された結果、自己資本は1兆7000億円ものマイナス、すなわち債務超過に転落しました。

わずか10カ月間に何が起きたのでしょうか。バランスシートの変化を図にしてみるとわかりやすくなります（図表B）。

バランスシートの激変に注目

破綻10カ月前の2009年3月期末は有利子負債が総資産の半分以上を占め、自己資本比率がわずか5・5％と非常に安全性の低い状態ではありますが、普通のバランスシートの形をしていました。

これが会社更生法を申請した2010年1月19日時点では、**バランスシートの右下が大きく突き抜けている、すなわち大幅な債務超過に陥った極めて異常な状況になっていることが一目でわかります。**

銀行などがもつ債権放棄を前提とした負債を更生債権等として2兆円以上も計上し

〈図表B〉日本航空　単体バランスシートの変化

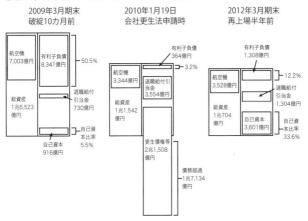

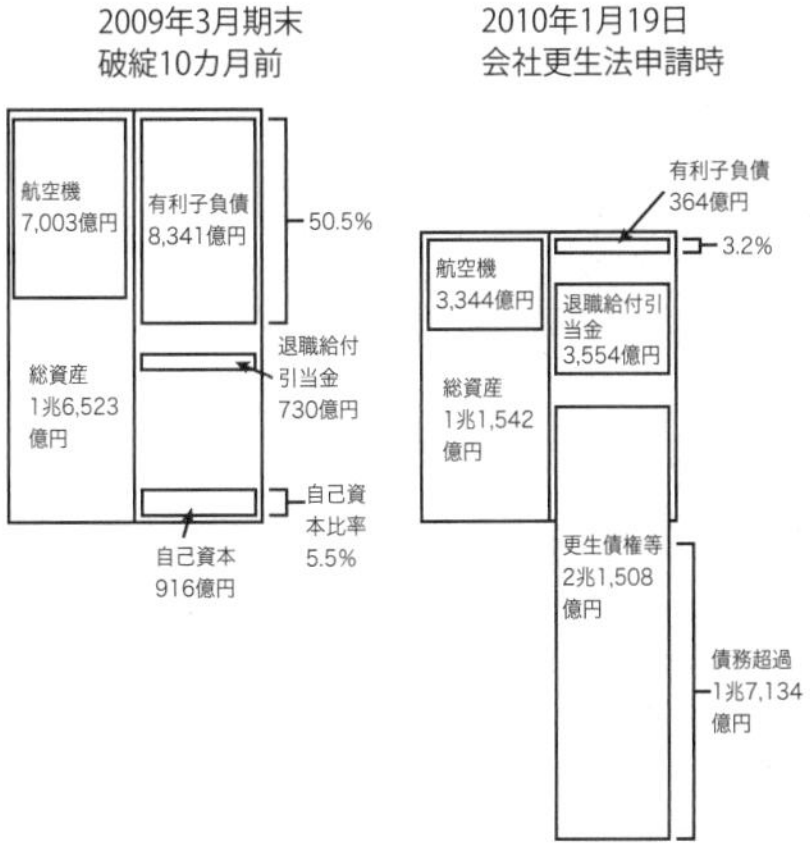

たことが債務超過になった最大の要因ですが、それだけではなく、**その他のバランスシートの構成・金額も大きく変わったことに注意する必要**があります。

　2009年と2010年を比較すると、バランスシートの左（資産）側では、航空機が7003億円から3344億円に評価減が行われました。日本航空では老朽機、効率の悪い大型機などが全日空などに比べて多いことは以前から問題視されていましたので、B747ジャンボ機の退役などにより、航空機の資産価値を実態に合わせて下げたことによるものです。

右（負債・資本）側では①有利子負債が8341億円から3644億円に激減（銀行の債権放棄による）、②退職給付引当金が730億円から3554億円と大きく積み増されました。退職給付債務の引当が不十分であることはそれまでも度々問題視されていましたが、会社更生法適用によって、これまでの積立不足分を負債として認識、計上することになったのです。

これらの結果、1兆7000億円もの債務超過につながりました。

こうしたバランスシートの再評価によって、それまでたまっていた膿、「隠れ債務」を外科手術で外に出したことになります。それによって出血（巨額の損失計上）も余儀なくされましたが、**この手術によって身軽になり、改めて健康体になることを目指す、というのが日本航空への会社更生法適用の狙いでした。**

急落する「稼ぐ力」

これまで見てきた単体業績の動きは、連結業績でもほぼ同様です（図表C）。

2008年3月期以降、赤字転落と赤字幅の拡大、それに伴い自己資本比率も急速に低下していることが確認できます。

連結決算のみ開示されるキャッシュフロー計算書で見ても営業キャッシュフローが1500億円↓300億円↓▲470億円と急落し、**本業でキャッシュを稼ぐ力も急落しています。どの面で見ても危機的な状況**に陥っていたことが確認できます。

連結バランスシートも、**先に見た単体決算とほぼ同じ変化が確認できます。**

再建は順調に進み再上場へ

この「外科手術」で日本航空が再び健康体に戻ることができるのか、当初は悲観的な声も多く聞かれました。しかし実際は大方の予想を上回るペースで再建は順調に進み、2011年3月には会社更生法の適用が終了、2012年9月には東証一部へ再上場を果たしました。会社更生法申請からわずか2年8カ月での再上場は予想外のスピードでした。

図表A、Cで見る通り、再上場直前の2012年3月期以降の決算では単体、連結ともに毎年2000億円近い純利益をコンスタントに出して自己資本を積み上げていき、順調に再建が進んでいった様子がわかります。

またキャッシュフロー（連結決算でのみ開示）を見ても毎年二千数百億円コンスタ

会社更生法申請
(2010年1月)

再上場
(2012年9月)

	会社更生法申請 2010年1月期 (10カ月)	会社更生法認可 2010年11月期 (10カ月)	会社更生法終了 2011年3月期 (4カ月)	2012年 3月期	2013年 3月期	2014年 3月期
			383,021	1,204,813	1,238,839	1,309,343
			41,215	204,922	195,242	166,792
			10.8%	17.0%	15.8%	12.7%
			583,707			
			621,073	186,616	171,672	166,251
			1,206,517	1,087,627	1,216,612	1,340,168
			291,799	57,270	45,112	53,433
			198,544	388,523	565,048	690,288
			1.5	0.1	0.1	0.1
			16.5%	35.7%	46.4%	51.5%
			312.8%	48.0%	30.4%	24.1%
			▲25,365	256,673	264,853	247,941
			31,304	▲147,221	▲264,436	▲131,237
			59,280	▲274,460	▲60,643	▲61,912
			323,797	158,995	99,413	155,252

この間、
連結決算の
開示なし

銀行が放棄した
債務免除益が
特別利益に

毎年コンスタントに営業
CFを稼ぎ、その範囲で
投資する健全な状態に

毎年コンスタントに利益を出し
て自己資本積み上げ、順調に
再建進み再上場

破綻直前

〈図表C〉日本航空　連結業績　単位：100万円、%

	2007年3月期	2008年3月期	2009年3月期	2009年4～12月 2010年3月期 第3四半期（9カ月）
売上	2,301,915	2,230,416	1,951,158	1,144,82
営業利益	22,917	90,013	▲50,884	▲120,83
営業利益率	1.0%	4.0%	▲2.6%	▲10.6
債務免除益（特別利益）				
当期純利益	▲16,267	16,921	▲63,194	▲177,98
総資産	2,091,233	2,122,784	1,750,679	1,681,35
有利子負債	1,021,545	915,064	801,529	921,07
自己資本	311,087	453,934	174,656	133,88
負債資本倍率（有利子負債／自己資本）（倍）	3.3	2.0	4.6	6.
自己資本比率	14.9%	21.4%	10.0%	8.0
ROE（当期純利益／自己資本）	▲5.2%	3.7%	▲36.2%	▲132.9
営業キャッシュフロー	127,748	157,331	31,755	▲47,20
投資キャッシュフロー	▲56,216	▲26,229	▲105,653	▲75,58
財務キャッシュフロー	▲53,007	36,896	▲116,767	112,76
期末現金残高	191,381	354,037	161,751	152,29

赤字転落、拡大続く

自己資本比率も急速に低下

本業でキャッシュを稼ぐ力が急速に減退

出所）日本航空IR資料より作成、コメントは筆者
注）会計基準は日本基準

〈図表D〉日本航空　破綻までのキャッシュフロー
～営業CFが急速に低下～

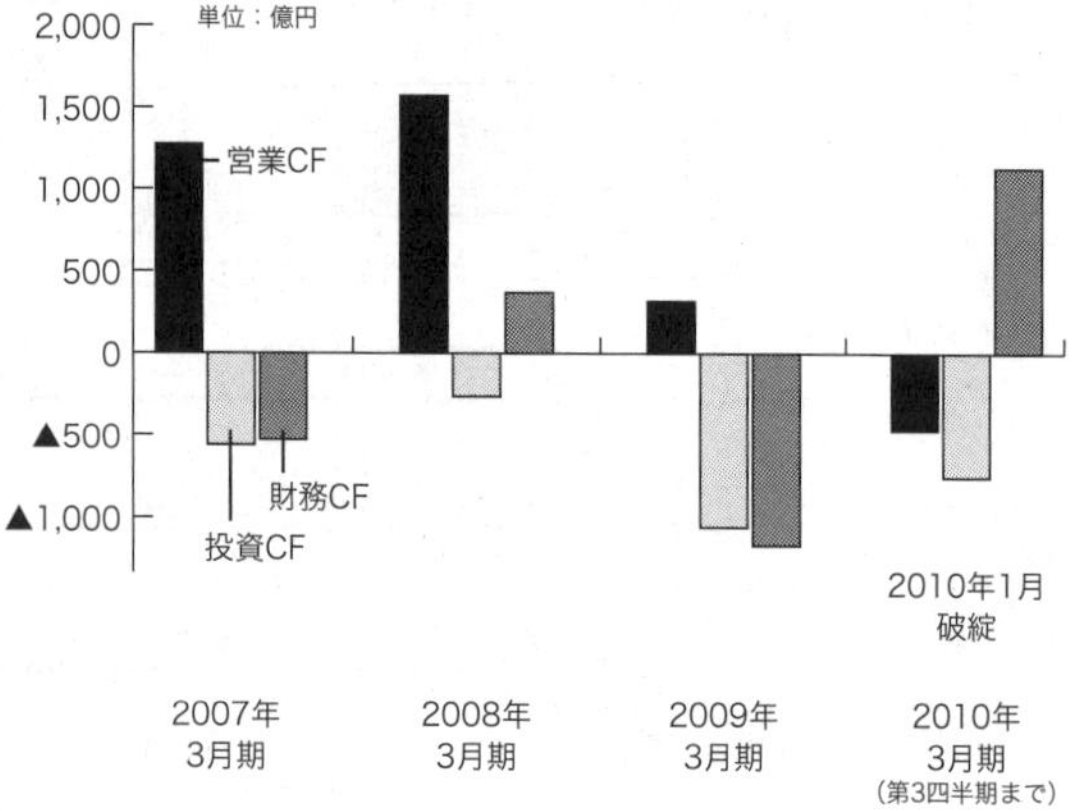

ントに営業キャッシュフローを稼ぎ、その範囲内で投資する（投資キャッシュフローのマイナス）という健全な状態になったことが読み取れます。

再上場と同時に、それまで3500億円を全額出資して再建を主導してきた企業再生支援機構は保有する株をすべて売却、出資額3500億円をすべて回収したうえで売却益を得ることになり、当初懸念されていた国民負担は発生することなく再建劇は終了しました。

その後も日本航空の経営は順調に推移し続けていますが、同社が公的資金の注入や銀行などの債権放棄を受け、さらに法人税減免などを受けながら再生を果たして業績を伸長させてきたことについては、競合する全日空などから「競争条件が不平等」という声も出ています。

「空の暴れん坊」がハマった落とし穴

過剰投資で資金繰りが立ちいかず破綻したスカイマーク

スカイマークは2015年1月28日に民事再生法を申請して破綻しました。

長らく日本航空、全日本空輸の実質2陣営の寡占状態にあった航空業界において、スカイマークは1996年に設立された最初の新規参入航空会社で、1998年9月に羽田〜福岡便の第1号機が就航しました。

スカイマークは羽田空港を拠点に、簡素化された機内サービスで大手より安い運賃を武器に路線を拡大していき、2000年5月には東証マザーズに上場。その後2004年には西久保愼一氏が経営権を握り、2009年9月にはボーイング

B737‐800への機材統一で運航コストを下げ、2013年11月には東証一部に上場を遂げるなど、概ね順調に業容を拡大していきました。日本航空、全日本空輸に対して「第3極」を掲げるスカイマークは「空の暴れん坊」という異名もとっていました。

好調な業績を背景に同社は将来の国際線進出専用機として、2011年2月にはエアバスから2階建て大型旅客機A380を1559億円で6機購入する契約を結びます。**このA380購入契約が後の破綻に決定的な影響を与えることになります。**

図表Eで見る通り、2012年3月期には営業利益（152億円）、純利益（77億円）とも3期連続の過去最高益を記録、営業利益率は20%近い高水準で、営業キャッシュフローも2年連続100億円程度のプラス（キャッシュイン）を記録。バランスシートは無借金で自己資本比率は63%と高水準でした。

このように**2012年3月期までのスカイマークは、間違いなく財務的に優良企業のレベルにありました。優良企業スカイマークはどこでつまずいたのでしょうか。**

エアバス A380購入契約
エアバスがA380契約解除、800億円の違約金請求
民事再生法申請（2015年1月）
民事再生法終結（2016年3月）

〈図表E〉
スカイマーク　単体業績　連結決算はなく単体決算のみ　単位：100万円、%

利益が急減

	2011年3月期	2012年3月期	2013年3月期	2014年3月期	2015年3月期	2016年3月期
売上	58,023	80,255	85,943	85,975	80,946	72,066
営業利益	11,195	15,283	4,674	▲ 2,506	▲ 17,012	1,528
営業利益率	19.3%	19.0%	5.4%	▲ 2.9%	▲ 21.0%	2.1%
特別利益（債務免除益）						139,457
特別損失（損害賠償金）						181,683
当期純利益	6,325	7,705	3,778	▲ 1,845	▲ 19,370	▲ 39,251
総資産	37,357	67,736	74,230	78,771	70,355	42,604
建設仮勘定（A380の前払い金）	2,465	10,909	17,248	26,440	25,273	
有利子負債	0	0	0	0	4,500	0
自己資本	17,204	42,641	46,434	44,232	24,872	3,620
負債資本倍率（有利子負債／自己資本）（倍）	0.0	0.0	0.0	0.0	0.2	0.0
自己資本比率	46.1%	63.0%	62.6%	56.2%	35.4%	8.5%
ROE（当期純利益／自己資本）	36.8%	18.1%	8.1%	▲ 4.2%	—	—
営業キャッシュフロー	14,825	9,621	1,059	355	▲ 10,180	CF計算書の開示なし
投資キャッシュフロー	▲ 5,302	▲ 13,125	▲ 10,855	▲ 13,920	▲ 788	
うちA380関連の投資	▲ 1,560	▲ 6,997	▲ 4,541	▲ 7,879		
財務キャッシュフロー	▲ 435	17,571	▲ 33	▲ 415	6,542	
期末現金残高	16,412	30,648	23,155	7,065	2,379	

本業でキャッシュを稼ぐ力が急減する中でも、A380中心に営業CF大きく上回る高水準の投資を継続

そのため現金残高が急減して資金繰りがつかなくなる

A380の前払い金も返還されない可能性濃厚に

破綻直前の現金残高
2014年9月末　4,549百万円
12月末　730百万円

出所）スカイマークIR資料より作成、コメントは筆者
注）会計基準は日本基準

2013年3月期には異変の兆候、翌年同期には危険水域に

2013年11月に東証一部上場を果たした直前の決算期は**2013年3月期です**
が、この時の決算には既に異変の兆候が確認できます。

売上は802億円から859億円へと増収でしたが、営業利益は152億円から46億円へ、純利益は77億円から37億円へ、営業キャッシュフローのプラス（キャッシュイン）も96億円から10億円へと大きく低下し、2013年3月期には明らかに収益力が大きく低下したことがわかります。

翌2014年3月期には売上はほぼ横ばいで、営業利益（▲25億円）、純利益（▲18億円）とも赤字に転落してしまいます。

このころの不振の背景には以下のような外部要因もあげられます。

・原油高、円安に伴う燃料費の増大

・新規LCC（格安航空会社）の相次ぐ参入、スカイマークの価格優位性が薄れてきた。2012年はLCC元年と呼ばれ、ピーチ、ジェットスター、エアアジア（現バニラエア）が相次いで就航していた。

キャッシュフローに危険な兆候

2014年3月期までの4年間のキャッシュフローの動きを見ると、スカイマークが急速に危険な状況に追い込まれていく兆候が見てとれます。

まず問題なのは営業キャッシュフローのプラス（キャッシュイン）が148億円→96億円→10億円→3億円へと、**本業でキャッシュを稼ぐ力が急速に失われていっていることです。**年間売上800億円を超える企業が、本業で1年間かけても10億円や3億円しかキャッシュを稼げないというのは異常な事態です。

本業でキャッシュが稼げなくなったとしたら、投資を減らしてキャッシュアウトを絞るのが企業経営の常道ですが、**スカイマークの投資キャッシュフローのマイナス（キャッシュアウト）は、▲53億円↓▲131億円↓▲108億円↓▲139億円と、この3年間100億円以上の高水準を続けたまま、まったく絞る気配が見えません。**

同社は、投資キャッシュフローのうち、大型旅客機A380に関わる金額を内訳で開示していますが、この4年間の投資キャッシュフローのマイナス（キャッシュアウ

〈図表F〉スカイマーク　キャッシュフロー推移
～営業CFが急減してもA380などへの投資は高水準のまま～

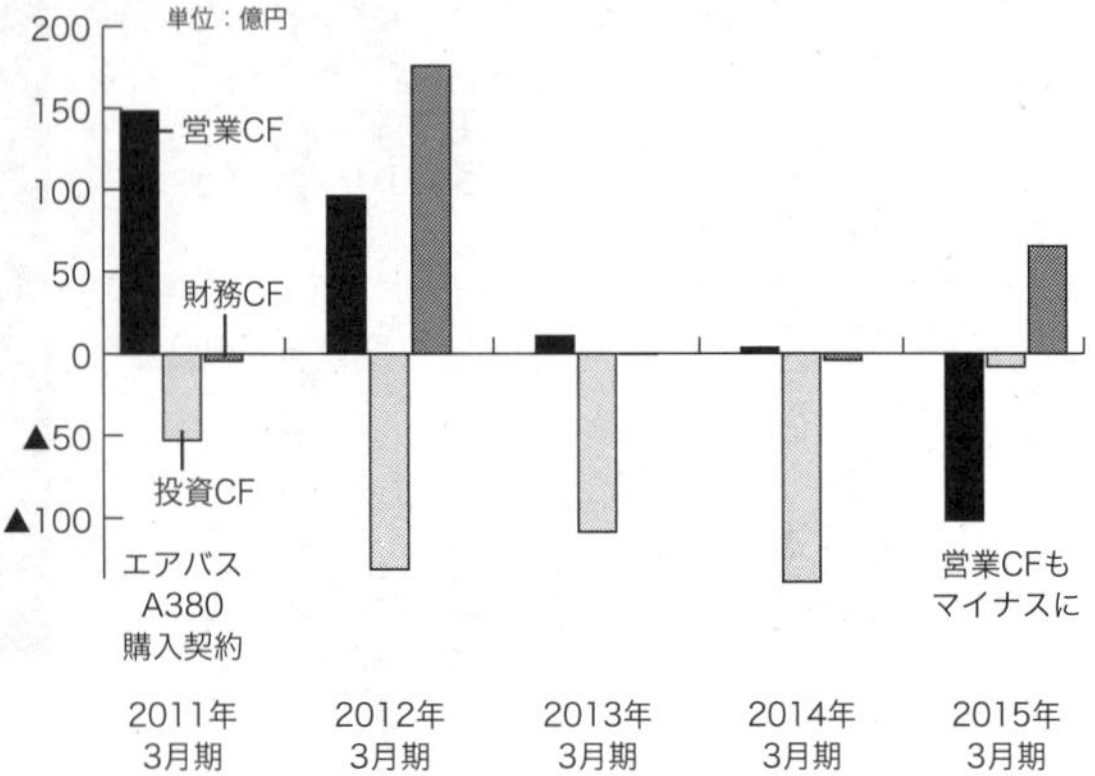

ト）合計４３２億円のうち、ほぼ半分の２０９億円がＡ３８０関連でした。後に**過剰投資が原因で破綻に至るスカイマークにとって、Ａ３８０はその引き金を引いた主要因**であったことがわかります。

営業キャッシュフローのプラス（キャッシュイン）が急減しているのに、Ａ３８０導入費用など投資キャッシュフローのマイナス（キャッシュアウト）は高水準継続という状態が続けば、当然、現金（キャッシュ）残高が減っていきます（同社は無借金経営で、銀行から借り入れも行わなかった）。

期末現金残高はこの4年間に164億円→306億円（増加したのは増資のため）→231億円→70億円と急低下していきます。売上高859億円の会社にとって70億円の現金は1カ月分の売上（月商）にしか過ぎません。

差別化のはずが……新鋭機A330も空振り

注目を集めたミニスカ制服

このように様々な指標が危険水域に入ってきた2014年3月期末に近い3月7日には、テレビなどのメディアでスカイマークが大きなニュースとしてとりあげられました。それは経営状況に関するものではなく、「スカイマークが客室乗務員にミニスカ制服」というものでした。

間もなく就航する新鋭機エアバスA330のキャンペーンの一環としてミニスカ制服が用いられることになり、世間の関心はもっぱらミニスカに集中しましたが、新鋭機A330の導入そのものもスカイマークの経営にとって大きな意味をもつものでした。

スカイマークは台頭するLCCなどへの対抗策の切り札として広めのシートをもつ中型機A330を導入して差別化を図ろうとしたのです。

A330は2014年3月期末までに6機が導入され、6月14日に1号機が羽田～福岡線で運航を開始、次いで羽田～札幌線にも投入されました。しかしA330の投入は当初狙ったような効果をあげられないまま、破綻直後の2015年1月31日に運航を終えました。

「継続企業の疑義」～破綻へ

2014年7月31日に発表された2015年3月期第1四半期決算（2015年4～6月）は減収で営業損失・純損失も前年同期から拡大して業績悪化が深刻化していることが明らかになりましたが、それ以上に**重要なことは「継続企業の疑義」が注記として示されたこと**です。

「決算書の見方5」にもある通り、「継続企業の疑義の注記」は事実上のレッドカードを意味する極めて重い宣告です。

ここでの要点は以下です。

・赤字が拡大してますます業績悪化

・エアバスからA380の購入契約を解除された。それに伴い、260億円の前払い金も戻ってこない可能性が出てきた。また契約解除に伴って巨額の賠償請求※を受けている

決算短信には以下のような説明が記載されているので引用します（太字と注釈は筆者、一部意味を変えずに表現を変更）。

（業績予想などの将来予測情報に関する説明）

当社は、エアバス社と計6機のA380型機の購入契約を締結しており、購入準備を進めておりますが、2014年7月25日に、**当該契約について解除する旨の通知をエアバス社から受けております。**

当社がエアバス社に支払い済みである前払い金（約260億円）については全額が

返還されない可能性があり、（中略）また、エアバス社から支払いを求められております多額の解約違約金については、（中略）対応策の検討を行っております。

（継続企業の前提に関する重要事象等）

当社は、2014年3月期においてエアバスA380型機及びエアバスA330型機の導入作業に多額の支出を要したこと等から営業損失25006百万円、当期純損失18445百万円を計上し、当第1四半期（2014年4~6月）におきましても、営業損失5526百万円、四半期純損失5795百万円を計上いたしました。当該状況により、**継続企業の前提に関する重要な疑義を生じさせるような状況が生じております。**

これに対し、当社は状況を解消すべく、以下の対応策に取り組んでおります。

・エアバスA330型機の導入による輸送力の強化
・高品質座席の提供による顧客の囲い込み及び新規顧客の獲得
・不採算路線の休止
・金融機関からの借り入れ

しかし、これらの対応策は実施中にあり、**現時点では継続企業に関する重要な不確実性が認められます。**

資金ショートで破綻

この実質レッドカード、**「継続企業の疑義」によりスカイマークが深刻な経営危機に陥っていることは周知の事実**となり、株価は暴落する中、支援するスポンサーをめぐって様々な動きが伝えられます。

その後も事態は収束せずに、2014年10月30日に発表された第2四半期（2014年4〜9月）決算短信には「継続企業の疑義」が再度注記されただけでなく、さらに以下のように事態がますます悪化していることが記載されました。「手持ちの現金が3月末の70億円から45億円へとさらに減少したこと」です。以下に決算短信より引用します。

（略）また、収支の悪化傾向が継続し、前事業年度末（2014年3月末）に比べ、現金預金残高が2516百万円減少（7065百万円が4549百万円に）しており、**継続企業の前提に関する重要な疑義**を生じさせるような状況が存在しております。

年が明けた2015年にはスポンサーとして日本航空、全日本空輸、外資航空などと様々な交渉が行われたことが報道されましたが、結局万策尽きる形で**1月28日にスカイマークは民事再生法を申請して破綻し、3月1日付で上場廃止になりました。**

破綻が決まった直後の2015年3月期決算は図表E、Fにある通り、赤字幅も大幅に拡大するだけでなく、営業キャッシュフローまでもマイナスに転落しました。

破綻直前の2014年12月末の現金残高はわずか7億円にまで減少しており、年明けの破綻は、よほどのスポンサーが現れない限り、避けられなかったほど追い込まれていたことがうかがえます。

ストップできなかった過剰投資

スカイマークの破綻の最大の要因はこれまで見てきた通り、2013年3月期ごろより兆候が見えていた業績不振により、本業でキャッシュが急速に稼げなくなってきていたにもかかわらず、A380導入に向けた巨額投資を続けたことです。すなわち**身の丈に合わない過剰投資をストップできず、そのことが資金繰りショートにつながり破綻に至った**ものです。

その後は紆余曲折を経て、2015年8月5日の債権者集会でANAホールディングスを中心とした再生計画案が可決され、スカイマークは実質的にANA陣営に入ることになりました。こうして同社が掲げてきた「第3極」は消滅することになりました。

2015年9月29日には既存株主の100%減資、180億円の増資によってスカイマークはANAから16・5%の出資を受け、新しい経営体制がスタートしました。新体制に移行して4カ月後の2016年3月28日には民事再生手続きの終結が発表され、同時に2019年3月期までの中期計画も発表されました。経営不振で断念していた国際線への進出などが盛り込まれ、スカイマークの再建は大方の予想より早く進展しました。

この章のポイント

この章でとりあげた日本航空は隠れ債務の表面化、スカイマークは過剰投資による資金ショートと破綻につながった理由や企業規模は異なりますが、以下は両社共通しています。

・赤字基調の定着（営業利益、純利益段階）
・純損失の継続的発生による自己資本の毀損、自己資本比率の低下（一般には1ケタになると危険水準）
・営業キャッシュフローの急速な低下（本業で稼ぐ力が急低下）からマイナスへの転落

これらがまさに破綻などに至る「ヤバい決算書の代表的な兆候」です。
「決算書の見方5」にもあるように、スカイマークで見られた「継続企業の疑義」はそれだけで実質レッドカードに相当する重いものです。

　なおこれらの兆候が見られても、その企業が実際に破綻にまで至るかどうかは、他の様々な要因にも影響されますし（銀行との関係、破綻した場合の社会的影響など）、破綻以外にも他社から買収ないし出資を受けて再生を果たす例もあるので一概にはいえません。

　日本航空、スカイマークはともに公益性の高いエアラインを運航しているので、会社更生法／民事再生法適用という法的整理によって利用者に混乱が発生することが懸念されました。しかし、マイレージ保護など異例の対応がとられ、予定された便が運航されるなど、結果的には破綻時に利用者などへの大きな混乱は発生せず、その後の予想以上の順調な再建につながりました。

決算書の見方2

粉飾決算の典型的な手口とチェックポイント

粉飾の可能性を把握する手がかりをつかもう

ここでは、2章で見るアーバンコーポレイション、江守グループHD両社の粉飾破綻の例もふまえ、よく用いられる4つの粉飾決算の手口を説明します。

一般に粉飾決算とは売上・利益を過大に見せるために行われます。そのためにはバランスシートで資産を過大に表示するか、負債を過小に表示する必要があり、この点が粉飾決算の可能性をつかむ手がかりになります。

一般には負債の過小表示よりも、**資産の過大表示を伴うケースが多く見られます。過大表示する資産項目としては売上債権や棚卸資産（在庫）が選ばれることが多く見られます。一方で、現金の過大表示はほぼ不可能です。**

「利益は意見だが、キャッシュは事実」という会計・財務の世界でよく言われる言葉は、このこと（利益には操作可能性があるが、キャッシュにはそれが困難）

を示しています。
以下によく用いられる4つの粉飾の手口を説明します。
①売上の水増し（売上債権の膨張を伴う）
架空の注文書に基づき、商品の出荷を偽装するなどによって売上、ひいては利益が計上されます。取引伝票を作成して書面上は取り繕います。

しかし架空売上では当然、入金はされませんから売上債権だけが膨らむことになります。**売上の伸びに比べて売上債権が著しく増加している場合は粉飾の疑いがあり、要チェックです。**
②在庫など資産の過大表示
在庫など資産を水増しすることによって、利益をかさ上げする方法もよく用いられる手口です。
売上原価の定義式は以下のように示されます。
製造業：売上原価＝期首製品棚卸高＋当期製品製造原価－期末製品棚卸高
商業：売上原価＝期首商品棚卸高＋当期商品仕入高－期末商品棚卸高

つまり期末在庫（棚卸高）はその分、売上原価を減らす（利益をあげる）要因なので、期末在庫を実際より水増しすれば、それだけ売上原価が減って、利益がかさ上げされることになります。

先の架空売上同様、**売上の伸びに比べて棚卸資産（在庫）が著しく増加している場合は粉飾の疑いがあり、要チェックです。**

筆者の知り合いの公認会計士がかつて体験した実際のだましテクニックエピソードとして以下のようなものがあります。

タンク1、タンク2のうちタンク1にしか本当の在庫がないが、会計監査人の実地監査の際には午前中にタンク1を見せ、昼休み中に、タンク1の液体を2に移して、午後の監査の際にはタンク2にも液体が実際にあるように（タンク1、2ともに液体があるように）偽装された。

■売掛金や在庫の水増しがしやすい一方、現金の改竄ができない理由

会計監査人は必ず金融機関に残高を直接確認するので、現金の残高のごまかしはまず不可能とされます。すなわち実際のお金の流れを示すキャッシュフロー計

算書（バランスシートの現金）をごまかすのは極めて困難です。

それに対して売上債権については取引先の数が膨大なので全数調査はまず無理です。監査人はサンプル調査か、期末1～2カ月前に余裕をもって確認状を送って調査することになるので、期末ギリギリでの粉飾行為が行われるとチェックは困難になります。特に取引先と共謀されると発見は極めて難しいとされます。

このように、**損益計算書で架空の売上・利益の計上があれば、バランスシートで売上債権や在庫が膨れ上がり、キャッシュフロー計算書では（実際の入金が行われないので）営業キャッシュフローのマイナス（キャッシュアウト）が続く、というサインが生じるのが典型的な粉飾パターン**です。2章でとりあげる2社ともこのパターンがハッキリと出ています。

③負債・費用の過小表示
バランスシートでは回収困難な債権への貸倒引当金などを負債に計上しない、損益計算書では必要な費用計上（引当金繰入）を行わないことで、利益が水増しされます。

④循環取引

3社、4社……と多くの会社間で商品の転売を繰り返していくことを循環取引といいます。多くの場合、取引の発端となった会社がまた同じ商品を買い戻して、さらにこれを転売していく形をとります。結局自分が買い戻すのですから実態のない架空取引です。商品は動かず、実態のない伝票とお金だけが循環していきます。

この循環取引は比較的容易に売上と利益を拡大させることが可能です。3社、4社……と関与する会社が増えると2社の取引より発覚しにくくなります。また一部でも実際に代金の決済が行われればさらに発見は難しくなります。

2章

鳴呼、黒字倒産！

──「増収増益」にだまされてはいけない

アーバンコーポレイション vs. 江守グループ

黒字倒産

この章では増収増益を続けながら破綻した2社の中堅クラスの上場企業のケースをとりあげます。4章で紹介する東芝とオリンパスでは粉飾の手口が複合的なものになっているのに対して、この2社のケースでは、増収増益企業が破綻する粉飾（ないしそれに近い）の典型的な手口のパターンが数字にはっきり表れています。

民事再生法適用 江守HDが申請

負債総額は711億円

江守グループホールディングス（HD）は30日、東京地裁に民事再生法の適用を申請し、保全命令を受けたと発表した。負債総額は約711億円。

同社は主な事業を興和紡（名古屋市）と企業再生ファンドのジェイ・ウィル・パートナーズ（JWP、東京・千代田）の2社に譲渡する。

同HDは中核事業会社である江守商事（福井市）など8子会社を、興和紡とJWPが設立した企業に約100億円で譲渡する。

譲渡期日は裁判所の許可などを得たうえで、5月末を予定。同HDの従業員は江守商事に転籍し、8子会社の雇用は維持する。

2015年5月1日付　日本経済新聞

アーバンコーポ、再生法申請

負債2558億円　今年最大の倒産

東証一部上場の不動産会社、アーバンコーポレイションは十三日、東京地裁に民事再生法の適用を申請し、同日受理されたと発表した。負債総額は二千五百五十八億円で、帝国データバンクによると今年最大の倒産となった。不動産市場の低迷で経営環境が悪化、信用力が低下し資金繰りが行き詰まった。

記者会見するアーバンコーポの房園社長（13日、東証）

不動産市場　低迷響く

記者会見したアーバンコーポの房園博行社長は「痛恨の極み。再生計画認可後、私を含め全取締役が辞める」と語った。

広島市に本社を置くアーバンコーポは一九九〇年に不動産仲介会社として創業。「アーバンビュー」シリーズで分譲マンションに進出した。二〇〇〇年以降は低採算のオフィスや店を取得、改修・改装して投資ファンドに転売する「不動産流動化事業」で成長した。

しかし地価下落で転売価格が低迷。さらに米国の金融不安により、日本の不動産に積極投資していた外資系ファンドが資産取得を絞り込んで経営が悪化した。六月には社債の格付けも投機的水準に格下げされ、市場や金融機関からの資金調達が難しくなった。〇八年三月期は連結売上高が前の期比三五・〇%増の二千四百三十七億円、経常利益が九・四%増の六百十七億円を確保していたが、資金繰りの悪化で黒字倒産に追い込まれた。

不動産業界では昨秋ごろから市況が冷え込んでマンションなどの販売が低迷。東京商工リサーチによると四―七月の不動産業の倒産は前年同期比四〇%増の二百八社に達し、上場企業でも六月にスルガコーポレーション、七月にゼファーが破綻した。金融機関は不動産向け融資を厳格化。不動産の主な買い手だった不動産投資信託（REIT）や外資系ファンドも資金調達が難航し、不動産業界の経営環境は急速に悪化している。

◇

東京証券取引所は十三日、アーバンコーポを九月十四日付で上場廃止にすると発表した。八月十四日から整理銘柄に指定される。

社債200億円　債務不履行に

アーバンコーポレイションの破綻により、同社が〇六年十二月に機関投資家向けに発行した公募普通社債二百億円は債務不履行（デフォルト）に陥った。〇一年のマイカル以来七年間なかった公募普通社債の債務不履行が、スルガコーポ、ゼファーに続き、三カ月間で三件発生する異例の事態となった。

申立代理人の藤原総一郎弁護士は社債を含めた無担保債権の弁済率について「不動産の評価に左右されるので現段階では全く想定できない」と話した。アーバンコーポの社債は、社債市場では額面百円当たり六十円と大幅に値下がりしていた。

2008年8月14日付　日本経済新聞

キャッシュフローで見える「突然死」

黒字倒産の代表例、アーバンコーポレイション

アーバンコーポレイション（以下アーバン）は広島市に本社を置く東証一部の不動産会社でした。2008年8月13日に民事再生法の適用を申請して破綻し、9月14日付で上場廃止になりました。負債総額は2558億円。2008年秋に発生するリーマンショック以前のことだったので、破綻にリーマンショックは関係ありません。同社の破綻は黒字倒産の代表的な例として知られます。

増収増益を続け、破綻直前の決算期となった2008年3月期には最高益を更新していた同社の破綻ケースは周囲にも意外な「突然死」として受け止められました。同社は2008年3月期末でも自己資本比率は18・3%を記録しており、債務超過が原因となったわけでもありません。

最高益を記録した直後に倒産とはどういうことなのか、同社が破綻に至るまでの4

期分の財務データから読み解いていきます。

絶好調に見えたアーバンの「突然死」

アーバンはこの間一貫して増収増益（営業利益・純利益ともに）を続けており、損益計算書で見れば業績は絶好調という状況が続いていました（図表A）。

同社は事業セグメントを主に「不動産流動化事業」「不動産分譲事業」「アセットマネジメント事業」「プロパティマネジメント事業」の4つに区分していましたが、主力事業は売上の3分の2、営業利益のほぼ100％近くを稼ぐ「不動産流動化事業」でした。これは低採算のオフィスや店を取得、改修・改装して投資ファンドなどに転売することで収益をあげる事業です。

絶好調に見えたアーバンの「突然死」はなぜ起きたのでしょうか。

その理由は損益計算書だけを見てもわかりません。バランスシート、キャッシュフロー計算書をあわせて見ていくと、同社は次に見る江守グループホールディングス同様、**増収増益で破綻する企業の典型的な症状が破綻前からずっと表れていたことがわかります。**

まず図表Aでバランスシートの変化を見ます。総資産は2008年3月期までの3年間に1200億円から6000億円へと5倍にも膨れ上がりました。何が増えたのかを見ると、負債では有利子負債が686億円から4078億円へと3392億円増加し、また資産では販売用不動産（棚卸資産）が337億円から4377億円へと4040億円も増加していることがわかります。

すなわちアーバンはこの3年間の間、**借金を大幅に増やして、その大半を販売用不動産の購入に回していたわけです。**この流れ自体は「不動産流動化事業」を主力とする同社にとっては当然のことですが、気がかりなのは、この3年間で売上の伸びが4・3倍なのに対して、棚卸資産（販売用不動産）の伸びが13倍にも達し、売上の伸びを大きく上回っていることです。売上を大きく上回る不動産の仕入れは、本業が順調で、売上につながればともかく、売上につながらない不動産は過剰在庫、不良在庫となっていきます。

販売用不動産の急激な在庫増加は、アーバンが**「仕入れた不動産が思うように売れず過剰在庫として滞留し、経営を圧迫していった」ことを示します。**

4期続けてマイナスの営業キャッシュフロー

続いて図表A、Bのキャッシュフローから何が読み取れるかを見ていきます。

まず目につくのが、**営業キャッシュフローがこの4期間、ずっとマイナスであり、しかもそのマイナス幅が拡大していることです。**

そもそも営業キャッシュフローがマイナスということは本業のビジネスでキャッシュが入ってこないことを意味します。1期だけならともかく4期続けてマイナスということは通常ありえない異常事態です。しかも同社の場合、マイナス幅が年々拡大しているわけですから、年々資金繰りが厳しくなっていたであろうことは容易に想像がつきます。

通常、損益計算書で増収増益が続くような会社なら、営業キャッシュフローもプラスになるはずです。同社は**「増収増益が続いていたのに営業キャッシュフローがずっとマイナス継続」という、通常ではありえない数字の組み合わせ**になっていたのです。

考えられる理由は2つです。

最高益決算直後の
2008年8月に
会社更生法申請して破綻

〈図表A〉アーバンコーポレイション　連結業績　単位：100万円、%

	2005年3月期	2006年3月期	2007年3月期	2008年3月期
売上	57,034	64,349	180,544	243,685
営業利益	10,507	12,026	61,271	69,636
営業利益率	18.4%	18.7%	33.9%	28.6%
当期純利益	6,456	7,869	30,039	31,127
総資産	120,551	202,991	443,304	602,566
棚卸資産(販売用不動産)	33,702	67,647	293,001	437,778
有利子負債	68,623	89,688	294,476	407,850
自己資本	35,456	66,638	88,816	110,246
自己資本比率	29.4%	32.8%	20.0%	18.3%
ROE(当期純利益／自己資本)	18.2%	11.8%	33.8%	28.2%
営業キャッシュフロー	▲ 24,995	▲ 32,991	▲ 55,033	▲ 100,019
うち棚卸資産(販売用不動産)の増加(増加は▲)	▲ 23,615	▲ 53,635	▲ 99,439	▲ 138,065
投資キャッシュフロー	▲ 6,603	1,078	▲ 9,063	▲ 11,100
財務キャッシュフロー	40,233	43,043	83,210	89,212
現金残高	16,735	27,882	59,973	41,989

最高益の2008年3月期まで増収・増益

どんどん借金して土地を仕込んでいた(売上増以上のペース)様子がありあり

増収増益なのに営業CFがずっとマイナスなのはおかしい。その主因は販売用不動産の増大⇒不動産を仕入れても売れない在庫が増大、もしくは代金回収できない架空売上計上による粉飾の疑い

出所)アーバンコーポレイションIR資料より作成、コメントは筆者
注)会計基準は日本基準

〈図表B〉アーバン　キャッシュフロー
営業CFがずっとマイナス、年々拡大

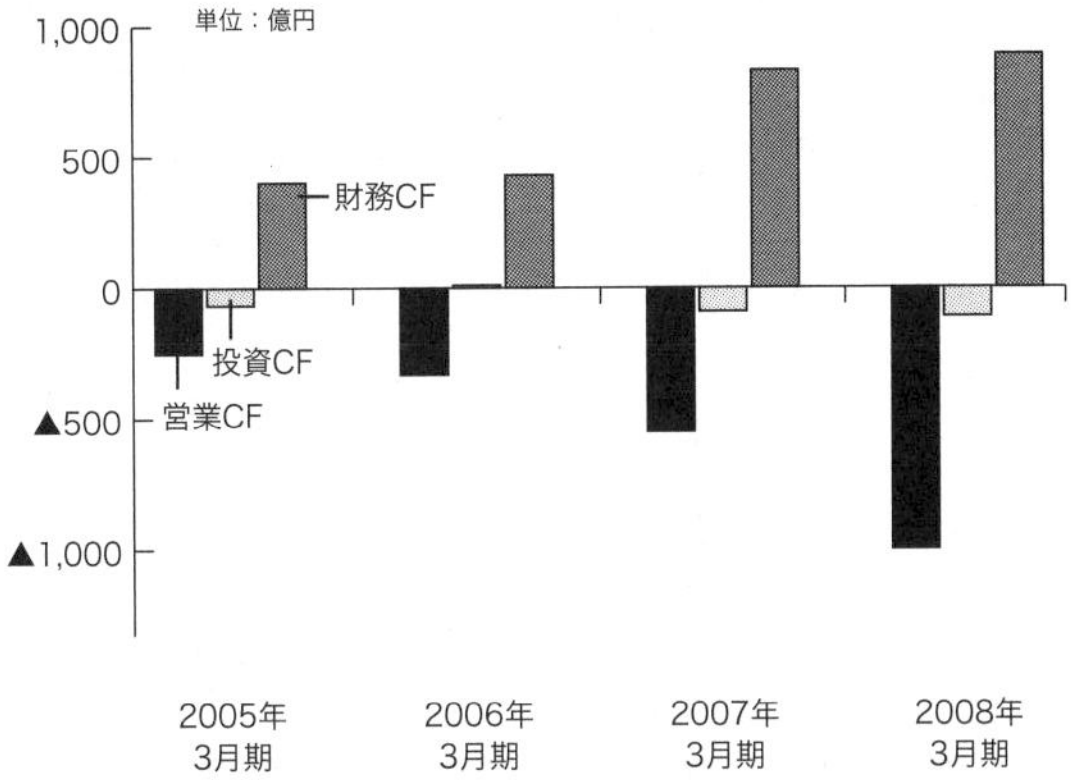

①当時の不動産不況で、仕入れても売れない不動産が急増した

②代金回収できない架空売上を計上したことによる粉飾の疑い

　実際は①と②の複合要因という可能性もあります。本業の不動産ビジネスでキャッシュが入ってこないどころか毎年数百億円から1000億円のキャッシュアウトになっている中で、アーバンはどうやって破綻までもちこたえていたのでしょうか？

　財務キャッシュフローを見ると、毎年数百億円のプラス（キャッシュイン）で資金繰りが回っていたことがわかります。財務キャッシュフローのプラスの大半は銀行借り入れです。

取引銀行ならアーバンの営業キャッシュフローが何年もマイナスを続け、資金繰りが厳しいことはわかっていたと思われます。それなのに破綻まで毎年純額で数百億円の借り換え融資を継続していた理由は不明です。

さらにアーバンは銀行借り入れだけでなく毎年社債発行によってもキャッシュを調達していました。破綻によって株主がもつ株券が紙くずになっただけでなく、機関投資家がもつ社債200億円もデフォルト（債務不履行）となりました。

なお増収増益企業でも短期的には、営業キャッシュフローがマイナスになることはありえます。売上が急成長し、売上債権の回収が間に合わないような場合です。売上債権の増加は営業キャッシュフローを減少させる要因になるためです。

増収増益とキャッシュフローとの不整合

不自然な会計を行う企業の共通パターン

江守グループHD（以下江守グループ）は福井市に本社を置く、東証一部の化学品を中心に扱う商社でした。

２０１５年４月30日に、民事再生法の適用を申請して破綻し、５月31日付で上場廃止になりました。負債総額は７１１億円でした。

江守グループの破綻は1章でとりあげたスカイマークの民事再生法申請（２０１５年１月28日）のわずか３カ月後のことでした。

先に見たアーバンの破綻が「突然死」だったのに対して、江守グループの場合は２０１４年10月以降、たび重なる開示で経営状況が極めて厳しい状況にあることが明らかになっていきました。２０１５年３月16日には第３四半期（２０１４年４〜12

月）に貸倒引当金462億円の計上に伴い、債務超過になりました。また同時に「継続企業の前提に重要な疑義」があることを発表し、最終的に破綻に至りました。

江守グループの破綻までの財務データの特性は、以下の点でアーバンと驚くほど似ています。すなわち以下が粉飾（ないし不自然な）会計を行う企業に共通して表れる代表的なパターンなのです。

①損益計算書では増収増益を続けている

②バランスシートでは代金回収のできない資産項目（江守グループでは売上債権、アーバンでは販売用不動産）が売上以上に膨れ上がる

③キャッシュフロー計算書では営業キャッシュフローが何年にもわたってマイナス（キャッシュアウト）が続いている＝本業でキャッシュが入ってこない

不自然なキャッシュフローに注目

江守グループは化学品を中心とする商社でした。売上の7割強を中国事業で稼いでおり、同社では中国事業が成長・収益のエンジンになっていましたが、会社を支える中国事業をめぐる焦げ付きが巨額の貸倒引当金計上に発展、破綻につながりました。

〈図表C〉江守グループHD　連結業績

民事再生法申請、破綻(決算発表前)

単位：100万円、%

	2012年3月期	2013年3月期	2014年3月期	2015年3月期
売上	115,924	140,036	208,927	224,619
営業利益	2,705	3,140	5,578	4,384
営業利益率	2.3%	2.2%	2.7%	2.0%
特別損失	▲ 147	▲ 22	▲ 57	▲ 56,362
当期純利益	1,690	1,919	3,324	▲ 53,620
総資産	57,353	71,664	102,152	56,630
売上債権	33,738	42,360	65,736	27,277
有利子負債	30,621	36,558	51,758	73,700
自己資本	10,237	13,649	22,533	▲ 34,301
自己資本比率	17.8%	19.0%	22.1%	▲ 60.6%
ROE(当期純利益／自己資本)	16.5%	14.1%	14.8%	—
営業キャッシュフロー	▲ 6,916	▲ 2,671	▲ 5,198	▲ 21,624
うち売上債権の増加(増加は▲)	▲ 9,022	▲ 5,323	▲ 14,115	▲ 13,593
投資キャッシュフロー	▲ 632	▲ 976	▲ 331	▲ 572
財務キャッシュフロー	8,876	3,511	12,038	15,226
現金残高	6,675	7,407	15,115	8,709

2014年3月期まで増収・増益

2015年3月期に550億円(第3四半期まで462億円)の貸倒引当金計上で債務超過に。破綻

売上の伸び以上に売上債権が増大

出所)江守グループHD IR資料より作成、コメントは筆者
注)会計基準は日本基準

増収増益なのに営業CFがずっとマイナスなのはおかしい。その主因は売上債権の増大⇒代金回収できない架空売上計上による粉飾の疑い

２０１２年３月期から２０１４年３月期までの２年間で売上は１１６０億円から２０９０億円と１・８倍になり、営業利益も２０１４年３月期まで順調に増益を続けていました。バランスシートでは２０１４年３月期までに総資産は５７０億円から１０２０億円へと１・８倍になっていますが、売上債権は１・９

〈図表D〉江守グループ　キャッシュフロー
毎年営業CFは大幅な赤字（本業でキャッシュが入ってこない状態）

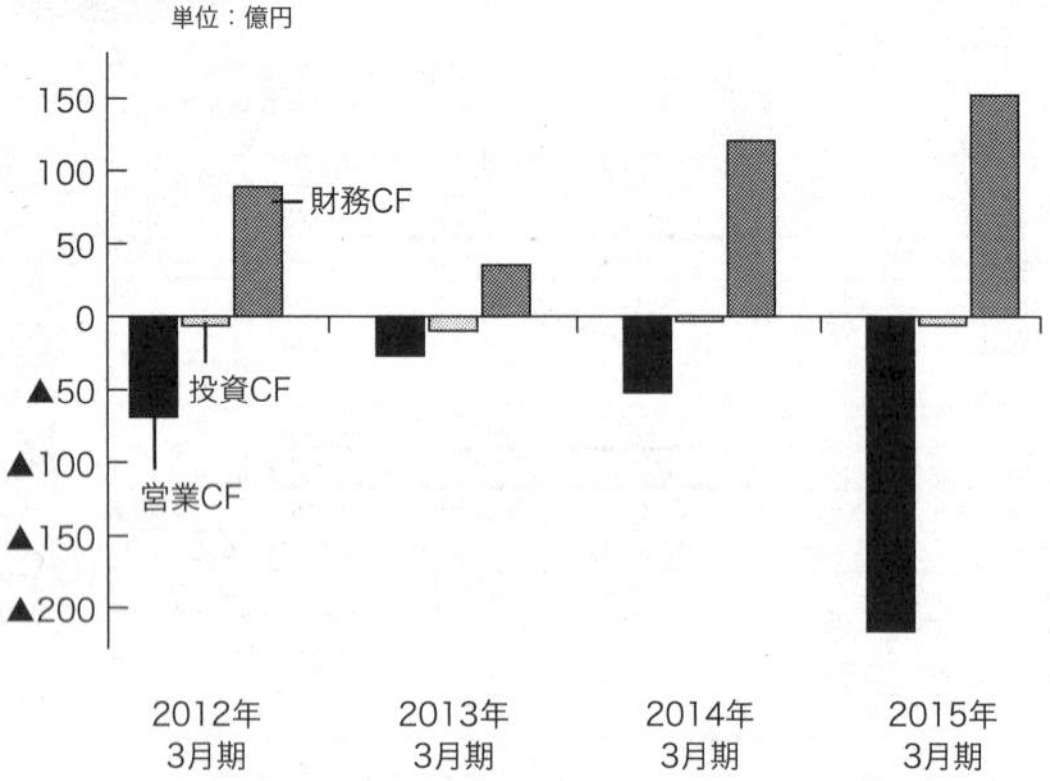

5倍と売上の伸びを上回っています。

キャッシュフロー計算書では、まず目につくのが、アーバンと同じようにこの4期間**ずっと営業キャッシュフローがマイナス、すなわち本業のビジネスでキャッシュが入ってきていないどころかマイナスになっているという異常さです。**その理由は、売上債権の増加（増加すれば営業キャッシュフローを減少させる）であることも明らかです。

損益計算書では増収増益が続いているのに、営業キャッシュフローが何年もマイナスということは通常ありえません。考えられるのは、代金を回収できない架空売上を計上していたのではないか、つ

まり粉飾決算の疑いが濃厚ということです。

江守グループでも、アーバン同様、本業による営業キャッシュフローがマイナスという厳しい状況の中で破綻までなんとか資金繰りがついていたのは、財務キャッシュフローのプラス、すなわち銀行からの融資があったからでした。

この章のポイント

この章でとりあげたアーバン、江守グループ両社の財務データは、以下の3点が酷似しています。**いずれも粉飾会計を行う企業に共通して表れる代表的・古典的なパターンです。**

①損益計算書では増収増益を続けている
②バランスシートでは代金回収のできない資産項目（アーバンでは販売用不動産、江守グループでは売上債権）が売上の伸び以上に膨れ上がる
③キャッシュフロー計算書では営業キャッシュフローが何年にもわたってマイナス（キャッシュアウト）が続いている＝本業でキャッシュが入ってこない

一般に財務3表の中で、最も注目を浴びるのは損益計算書です。決算発表で投資家が最大の関心を寄せるのは、利益の増減、次いで売上の増減です。逆にいうとバランスシートやキャッシュフロー計算書の内容に大きな注目が集まることはあまりありません。しかし、**粉飾決算の痕跡（損益計算書との不整合）はバランスシート、キャッシュフロー計算書に表れやすいのです。**

したがってリスクを回避するために、投資家はじめ外部の利害関係者は、損益計算書だけ見るのでなく、バランスシートやキャッシュフローと照らし合わせてみると不自然な点、異変に気づきやすくなります。

両社の事例は「頭隠して（増収増益だが）、尻隠さず（損益計算書での粉飾の痕跡がバランスシート、キャッシュフロー計算書に如実に表れている）」という点でわかりやすいケースといえます。

決算書の見方3 会計基準の違い

3つの会計基準とは?

現在、日本の上場企業が採用する会計基準には大きく①日本基準、②IFRS(国際会計基準)、③米国基準の3つがあります。

海外での事業ウェイトが大きい企業はこれまで米国基準を採用することが多かったのですが、最近ではIFRSを採用する企業が増加しています。

東京証券取引所調べでは2019年6月時点で、IFRS適用済会社数は198社に達しました(他に適用決定・決定予定会社数が27社。あわせて225社)。東証上場企業(JASDAQなど除く)は約2600社あるので全体の1割弱ですが、時価総額ベースでは36%を占めます。総合商社、医薬品、通信業界では多くの企業が、また他にはホンダ、ファーストリテイリング、日立製作所などの有力企業がIFRSを採用しています。

本書でとりあげている企業のうちIFRS採用は三菱商事、三井物産、ソフトバンクグループ、フォルクスワーゲンの4社。米国基準採用は東芝の1社、他は日本基準です。なおオリンパスは2018年3月期より日本基準からIFRSに移行しています。

3つの会計基準の相互の違いには様々なものがありますが、ここでは「損益計算書の構造の違い」と「『のれん』の扱いと減損計上」の2点について解説します。

■損益計算書の構造の違い

日本基準では売上総利益、営業利益、経常利益、税引前純利益、純利益と5段階もの利益がありますが、IFRSにも米国基準にも「経常利益」という概念、また日本基準では税引前純利益の前に加減される「特別利益」「特別損失」という概念がありません。

ここは企業を比較分析するうえで重要な違いです。いわゆるリストラ費用などの臨時に発生する費用は、日本の会計基準では一般に特別損失に反映される（その前の営業利益や経常利益には反映されない）のに対して、ＩＦＲＳや米国基準**では営業費用としてカウントされるので、営業利益のマイナス要因となります。**

５章で見るフォルクスワーゲンは、排ガス不正に関わる費用を営業費用として計上しているため、２０１５年12月期の営業利益が大幅にマイナスになりました。一方で三菱自動車は燃費不正に関わる費用を特別損失に計上しています。

■「のれん」の扱いと減損計上

仮に１０００億円の自己資本をもつ相手先企業を１８００億円で買収する場合、日本の会計基準ではその差額８００億円をバランスシートの資産項目「のれん」に計上して、原則20年以内で定額償却していきます。20年償却ならば毎年40億円の費用計上を20年にわたって行うことになります。

それに対してＩＦＲＳでは「のれん」の定期償却という方法はとりません。したがって、**日本基準からＩＦＲＳに移行すると、のれんの定期償却（費用計上）**

が不要になり、その分表示される営業利益（純利益も）がかさ上げされます。

一方で、ＩＦＲＳや米国基準では毎年「減損テスト」を行って、のれん（相手企業）の価値が下がった場合は減損損失を計上して、その損失を損益計算書で費用計上し、バランスシートではその分の簿価を切り下げます。

一般に、日本基準よりＩＦＲＳや米国基準の方が減損に厳しい（減損損失を認識しやすい）とされています。３章で見るように、２０１６年３月期に資源関連権益で大きな減損損失を出した三菱商事、三井物産はＩＦＲＳ、また同時期に米原子力子会社について減損損失を出した東芝は米国基準を採用しています。

ただし近年、投資家が減損リスクに敏感になり、監査人も企業に対して減損については厳しい姿勢で臨むことが求められてきていることを背景に、日本基準の企業も含め、**会計基準にかかわらず減損リスクが表面化しやすくなってきていることは投資家側も認識しておくことが必要です。**

１章でとりあげた日本航空（日本基準）は、２０１０年１月の会社更生法申請によって劣化した資産（隠れ負債）が明るみに出て債務超過と認定されました。

当時はまだ劣化した資産について減損損失を計上することが一般的ではありませんでしたが、日本基準の企業でも最近では早めのタイミングで減損損失が認識されやすくなりつつあることには注意が必要です。

3章

あの投資判断は失敗でした

——減損という隠れリスク

三菱商事 vs. 三井物産

減損

最近の企業決算で注目を浴びるキーワードが「減損」です。

この章では、2016年3月期に減損損失を出した企業の中でも、それにより初の赤字転落となって大きな注目を集めた2大商社、三菱商事と三井物産の例より、「そもそも減損とは何か、一般の費用・損失と何が異なるのか」「なぜ最近では減損を計上する企業が増えてきているのか、今後はどうなるのか」「減損を計上した企業の決算書を見ても、『減損』という項目はどこにもない。では、減損損失は決算書のどこにどのように反映されるのか」を明らかにしていきます。

三菱商事、初の連結赤字

今期最終、資源安で　三井物産は700億円

　三菱商事と三井物産が2016年3月期に初の連結最終赤字に転落する見通しだ。資源安で保有権益の減損損失が膨らむ。三菱商事の赤字額は1000億円台となりそう。三井物産は700億円の赤字になると23日に発表した。資源に依存した大手商社の収益構造は見直しを迫られている。

　三菱商事は4000億円規模の減損が発生するもよう。12年に英アングロ・アメリカンから取得したチリの銅権益や、12年にオーストラリア企業から取得した液化天然ガス（LNG）権益が主な案件だ。すべての開発案件について将来の収益性を厳しく見直し、来期以降の資源以外の事業を軸にした成長につなげる。

　24日にも業績予想の下方修正を発表する。

　三井物産は23日に約2600億円の減損損失を計上すると発表した。このうち約1150億円と最大なのはチリの銅開発だ。チリ銅公社と共同で出資した案件と、JXホールディングスなどと組んだ案件の2つがある。銅価格が1年前より2割下がり、投資回収が難しいと判断した。

　豪州でのLNGと石炭開発でも減損が発生し、間接的に出資するブラジル資源大手ヴァーレがニッケル開発などで計上した減損損失も取り込む。

　安永竜夫社長は「第三者の厳しい価格見通しに従い、必要な減損はすべて織り込んだ」と話した。今後は自動車販売やリース、病院運営など安定した収益源を育てる。

　16年3月期は住友商事も1700億円の減損損失を計上し、大手5社合計の減損額は1兆円近くに達する見込み。7000億円だった15年3月期を大幅に上回る。

2016年3月24日付
日本経済新聞

「資源頼み」曲がり角

商社5社減損1兆円

　一時は総合商社の屋台骨を支えた資源ビジネスが曲がり角を迎えている。2016年3月期に大手5社が計上する減損損失の合計は1兆円規模と前期（約7000億円）を上回る見通し。減損額が大きい三菱商事と三井物産は初の連結赤字に転落する。資源ビジネスの変調は業績でみた業界の序列に変化をもたらし、株式市場では時価総額の逆転現象も起きている。（1面参照）

決算の修正を発表する三菱商事の小林社長㊧（24日、東京都港区）

価格変動リスク大きく

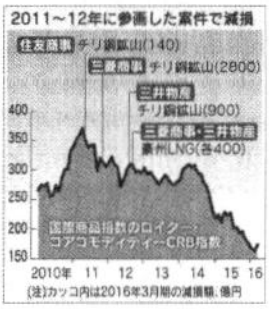

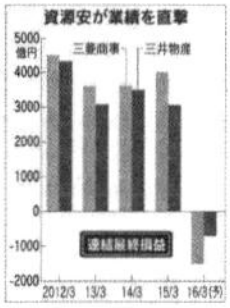

　三菱商事の今期は1500億円の連結最終赤字の見通し。単独赤字の00年3月期も連結では黒字だった。三井物産も23日、2800億円の減損損失が出るため今期は700億円の最終赤字になると発表。1959年に今の会社になってから初の赤字だ。

　「資源分野の資産規模が大きくなったうえ、投資マネーの流入で価格変動が激しくなった」。三菱商事の小林健社長は業績悪化の原因を説明した。

　4月1日付で社長を退任して会長に就く小林氏は「利益変動の大きい『資源ビジネス』と安定したもうけを出せる『非資源ビジネス』のバランスに力を入れてきた。14年に約1500億円でノルウエーのサケ養殖会社を買収するなどM&A（合併・買収）を重ねたのも、そのためだ。今期は「非資源の業績は順調」だが、それを打ち消す勢いで資源価格が下落した。

　典型がチリでの銅鉱山開発。三菱商事、三井物産が競うように参画したが、投資を決めた11～12年は銅価格が高値を付けた時期。「当時に想定していた価格とは圧倒的に変わってしまった」（三井物産の安永竜夫社長）といい、2社合計で3700億円の減損を迫られた。同じような例はオーストラリアの液化天然ガス開発でもみられる。

　今期は伊藤忠商事が業界で初の利益トップに立つ見通し。現時点の純利益予想は1割増の3300億円と連続最高益がほぼ確実だ。岡藤正広社長は資源では財閥系にかなわないとみて、13年に「非資源ナンバーワン」を掲げた。食料や繊維の強化を推進。15年に中国最大の国有複合企業CITICと資本提携し、その効果が早くも出る。

　24日の株式市場では三井物産が一時8％安と急落し、時価総額で伊藤忠を下回る場面があった。三井物産と伊藤忠の時価総額逆転は29年ぶりだ。

　同日、米格付け会社スタンダード・アンド・プアーズが三井物産の長期会社格付けをシングルAに1段階下げるなど、資源ビジネスに収益を頼ってきた商社を見る市場の目は厳しい。

　ただ資源開発は「20～30年単位でのビジネスで、供給責任もある」（小林社長）ため、すぐに撤退・縮小する考えは各社にない。SMBC日興証券の森本晃アナリストは「多額の減損計上で材料の出尽くし感はあるが、市場にもう1度評価されるには新しい成長シナリオを示す必要がある」と話している。

次代の経営者に重い宿題

　資源ビジネスへの傾斜を深めた総合商社の経営が転機を迎えた。業界の双璧である三菱商事と三井物産がそろって最終赤字に転落するのは、やはり衝撃的だ。資源以外の事業の育成を急ぎ、お得意の「稼ぐ力」を取り戻す必要がある。

　過去四半世紀、停滞を続けた日本経済だが、個別の業界や企業に焦点を絞ると、飛躍的に成長した例も少なくない。その代表格がいわゆる総合商社だ。三菱商事を例にとると、1990年度から99年度まで10年間の純利益の合計は3700億円にすぎないが、最近は単年度で4千億円以上の純利益を当たり前のように計上してきた。

収益の安定化／革新力の向上

　桁違いの収益力の源泉は、以前のモノの売買を仲介するトレーディング（交易）会社の事業モデルから脱却し、天然ガスや原料炭など資源分野で直接投資に乗り出したことだ。1000億円単位の巨額の資本を投下して、地下に眠る資源の所有権を獲得。それを採掘して内外の電力会社や製鉄会社に供給することで、高収益を享受した。中国の需要爆発がもたらした商品市況の高騰が、プラスに働いたことも言うまでもない。

　逆にいえば、資源価格が下がれば、過去の投資案件の価値が毀損し、大型の損失が出るのも必然だ。大切なのは損切りを短期で終わらせ、なるべく引きずらないことだ。バブル崩壊後の地価下落局面で、一部の商社は「これで最後」と言いながら何度も特別損失を出し、市場の信頼を失った苦い経験がある。

　商社は過去にも何度か冬の時代を迎えながらも、時代に合わせて自己変革し、よみがえってきた。今必要なのは、非資源分野の充実と顧客といっしょになって価値を創出するイノベーション力の向上だ。ブルネイの液化天然ガス（LNG）プロジェクトのように、商社が海外の石油メジャーや需要家の電力会社とチームを組んで新境地を開いた案件も過去には多い。

　三井物産で昨年上席役員32人を抜いて、安永竜夫社長が誕生するなど、大手商社の経営陣はいま代替わり期を迎えている。資源価格の乱高下に振り回されない確固たる事業基盤を築けるかどうかが、問われている。

（編集委員　西條都夫）

2016年3月25日付　日本経済新聞

「売上」の概念が一般と大きく異なる商社

商社の数字の見方の特異性とポイント

一般に多くの業界では、売上の多い順にトップ企業、2位企業……などと順位づけされます。ところが商社業界では、「売上」という概念があいまいなのです。

かつて1990年代ごろまでは、総合商社の業界ランクも、他業界同様、売上の大きさによって決まっていたため、毎年の決算発表では「○○社が××社を抜いて△位に順位を上げた」などということがニュースになっていました。

ところが今では少なくとも投資家で商社の売上順位を気にする人はほとんどいません。それ以前に商社の業績を見る際に「売上」の概念が大きく変わってきているのです。この点も含めて、商社の財務数値を見るうえで注意する必要のあるポイントを3点整理します。まずは、商社の売上に数字が3つもあることです。

図表Aにある通り、三菱商事は2014年3月期決算では一時的に①日本会計基準

「売上高（取扱高）＝operating transactions」（21・9兆円）、②米国会計基準の「収益＝revenues」（7・58兆円）、③IFRS（国際会計基準）の「収益」（7・63兆円）と異なる数字が3つも並列していました。図表Bの三井物産も同様です。

大手商社は以前から米国会計基準を採用していましたが、かつて日本で重視されていた売上高（取引高）も参考として開示していたうえに、2014年3月期に会計基準をIFRSに移行したことが売上が3つもある原因です。

三菱商事、三井物産とも、2014年3月期から米国基準からIFRSに移行、これにより売上高でなく「収益」が表示されるようになりました。

なお2015年3月期から三菱商事は参考情報としての「売上高」数値を開示しなくなっています（三井物産は依然として開示）。

なお、投資家は売上や収益より純利益をずっと重視します。そのため今では総合商社のランキングは純利益の大きさで見られるようになっています。

事業セグメントに注目

2番目のポイントは、事業セグメント別の純利益です。総合商社の事業は多岐にわ

関係会社からの利益が全体の3割以上

この期は会計基準の違いで3つの売上が併記

減損損失で赤字転落

資源権益など関係会社からの利益が前年から3,800億円悪化（減損損失）

〈図表A〉三菱商事　連結業績

単位：100万円、%

	2014年3月期	2015年3月期	2016年3月期
収益(IFRS)	7,635,168	7,669,489	6,925,582
収益(米国基準)	7,589,255		
売上高＝取扱高(日本基準)	21,950,137		
持分法による投資損益	168,356	203,818	▲ 175,389
税引前利益	531,954	574,722	▲ 92,823
当期純利益	361,359	400,574	▲ 149,395
総資産	15,901,125	16,774,366	14,916,256
持分法適用会社への投資	2,833,576	3,220,455	2,869,873
その他の投資	2,122,444	2,243,344	1,990,215
有形固定資産	2,509,918	2,395,261	2,297,384
有利子負債	6,075,835	6,348,993	6,042,606
自己資本	5,067,666	5,570,477	4,592,516
負債資本倍率(有利子負債／自己資本)(倍)	1.2	1.1	1.3
自己資本比率	31.9%	33.2%	30.8%
ROE(当期純利益／自己資本)	7.1%	7.2%	▲ 3.3%
営業キャッシュフロー	381,576	798,264	700,105
持分法による投資損益	▲ 168,356	▲ 203,818	175,389
投資キャッシュフロー	▲ 300,502	▲ 154,852	▲ 503,854
財務キャッシュフロー	▲ 118,845	▲ 305,334	▲ 364,528

減損損失により赤字転落

減損損失等で3,500億円減少

自己資本9,700億円減

減損損失（持分法投資損失）は同額足し戻されるのでキャッシュフローに影響しない

資源・非資源事業別　純利益

資源事業	115,400	76,500	▲ 380,200
非資源事業	236,800	323,400	248,700

※資源、非資源の区分数値は会社資料による

資源事業の利益急落して大幅赤字に

出所）三菱商事IR資料より作成、コメントは筆者
注）会計基準はIFRS

関係会社からの利益が全体の3割以上

この期は会計基準の違いで3つの売上が併記

減損損失で赤字転落

資源権益など係会社からの益が前年か2,800億円化（減損損失

〈図表B〉三井物産　連結業績　　単位：100万円、%

	2014年3月期	2015年3月期	2016年3月期
収益(IFRS)	5,731,918	5,404,930	4,759,694
収益(米国基準)	11,165,660		
売上高＝取扱高(日本基準)	11,155,434	10,827,831	9,616,821
持分法による投資損益	171,239	144,596	▲132,033
税引前利益	550,517	431,827	24,329
当期純利益	350,093	306,490	▲83,410

減損損失により赤字転落

総資産	11,491,319	12,202,921	10,910,511
持分法適用会社への投資	2,448,848	2,791,341	2,515,340
その他の投資	1,554,673	1,529,767	1,179,696
有形固定資産	2,007,452	2,148,142	1,938,448
有利子負債	4,411,116	4,793,957	4,710,520
自己資本	3,815,767	4,099,795	3,379,725
負債資本倍率(有利子負債／自己資本)(倍)	1.2	1.2	1.4
自己資本比率	33.2%	33.6%	31.0%

減損損失等2,800億円減

自己資本7,200億円減

ROE(当期純利益／自己資本)	9.2%	7.5%	▲2.5%

営業キャッシュフロー	449,243	639,967	586,991
持分法による投資損益	▲171,239	▲144,596	132,033
投資キャッシュフロー	▲659,818	▲386,397	▲408,059
財務キャッシュフロー	▲13,237	▲126,193	▲50,548

減損損失（持法投資損益）同額足し戻されのでキャッシュローに影響しな

資源・非資源事業別　純利益

資源事業	276,500	180,600	▲166,400
非資源事業	73,600	125,900	83,000

資源事業の利益急落して大幅赤字に

※資源、非資源の区分は「金属資源」「エネルギー」セグメントを資源、その他を非資源としている

出所）三井物産IR資料より作成、コメントは筆者
注）会計基準はIFRS

たるため、「どの事業セグメントが稼いでいるか、いないか」が注目されます。事業セグメントは各社とも7、8区分程度に分かれますが「資源」と「非資源」の2大区分でのバランス、ポートフォリオが注目されます。数年前は資源比率の高さがアピールポイントでしたが、現在では逆になり、各社とも非資源分野での収益拡大が重要な課題になっています。

2012〜2013年ごろまでは、資源高を背景に株式市場では商社は資源株とみなされてきました。ところが原油などの資源安や、円安で資源分野での利益が急落した結果、2016年3月期に巨額の減損損失を計上することになってしまったのです。

3番目のポイントとして、ビジネスモデルの変換があります。商社はかつてのトレーディングから「事業投資・事業運営」で稼ぐビジネスモデルに転換してきています。

一般に、昔からある卸売業（総合商社も卸売業に分類される）の基本的なビジネスモデルは、A社から100円で商品を仕入れ、2〜3円の手数料を上乗せして、B社に販売するという薄利多売モデルです。この手数料で人件費はじめ様々な経費をカバーして利益を確保します。

ところが三菱商事、三井物産のような大手総合商社は、このようなトレーディング事業から「事業投資・事業運営」で稼ぐビジネスモデルに変わっています。

各社とも利益の多くは少額（原則20％以上50％以下）出資する「持分法適用会社」からの「配当金」と「持分法投資利益」で稼ぐ構造になっています。**今の総合商社はかつてのような手数料を主な収益源とするのではなく、自らが出資などでリスクを取る投資企業ともいえる存在に変わってきています。**

※注　出資比率50％超の「子会社」の「純利益」は本体の連結決算にそのまま取り込まれる（出資比率に応じ）

※注　「子会社」からの配当金は親子会社間の取引になるので連結決算では消去される

商社の決算データの特徴

三菱商事、三井物産の決算データで、この業界の決算書の特徴を見ていきます。

両社の数字の特徴・構造は非常によく似ています。同じ業界の1位、2位企業でも数値を比較するとかなりの違いが見られるのが普通ですが、この2社の決算データの

特徴の類似性は驚くほどです。同じような事業特性・財務特性をもつ両社ですから、資源安という外部環境変化を受けて同時期に減損に至ったのも無理はありません。

図表A、Bで損益計算書を見てみましょう。

両社ともIFRSを採用しているため、損益計算書の構造はシンプルです。さらにこの業界では一般に「営業利益」もほとんど開示されません。利益として開示されるのは「売上総利益」「税引前利益」「純利益」です。加えて、両社とも「持分法による投資損益」のウェイトが大きいことに注目してください。**税引前利益のおよそ3割以上が「持分法による投資利益」からあがっているのです。**赤字に転落する前の2015年3月期で三菱商事では税引前利益5700億円のうち2000億円、三井物産では同4300億円のうち1400億円が持分法投資利益です。両社のもつ資源権益の多くは、この「持分法による投資利益」に反映されます。三菱商事が33・4％出資していたローソンの収益貢献もここに反映されていました（2017年2月に三菱商事はローソンを子会社化）。

なお、日本の会計基準では持分法投資損益は、営業外損益を構成する項目として計上され、経常利益段階から数値が反映されますが、大手商社はIFRSを採用しているため、営業外損益、経常損益という概念がありません（「決算書の見方3 会計基準の違い」を参照）。

バランスシートに見る特徴

総資産は三菱商事（約15兆円）、三井物産（約11兆円）と異なりますが、両社のバランスシートの構造も酷似しています（図表C、D）。

すなわち、左（資産）側では「持分法による投資」「他の投資」「有形固定資産」が各々総資産の1～2割ずつを構成しています。特に「持分法による投資」、すなわち三菱商事にとってこれまでのローソンのように、20～50％の少額出資をする企業への出資が、総資産の2割程度を占めており、これが総合商社のビジネスの特徴を反映しています。

「他の投資」（過半数を出資する子会社等の株式など）や、「有形固定資産」（土地、建物、設備など）と合わせるとこれら3項目で総資産の半分程度を占めます。これらの事業資産から商社は収益を稼ぎ出しているのです。

バランスシートの右（負債・資本）側では両社とも自己資本比率3割強、有利子負

〈図表C〉三菱商事のバランスシート（2016年3月期末）

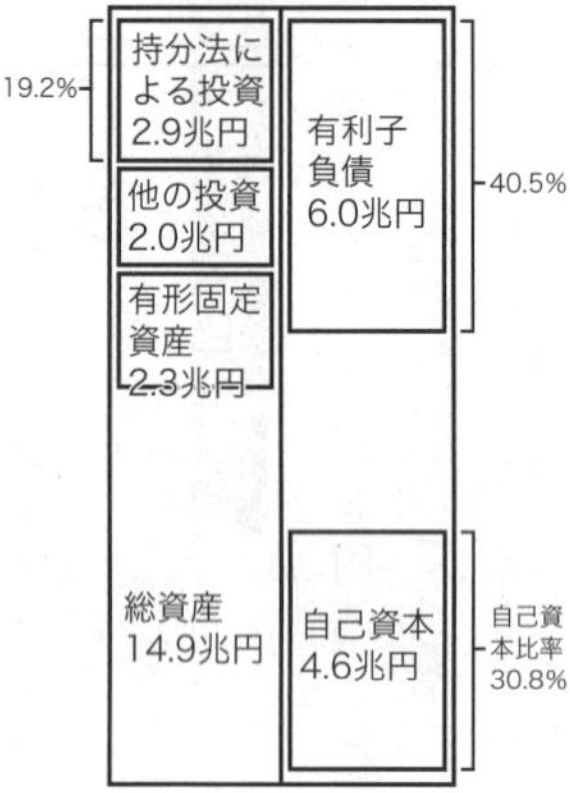

〈図表D〉三井物産のバランスシート（2016年3月期末）

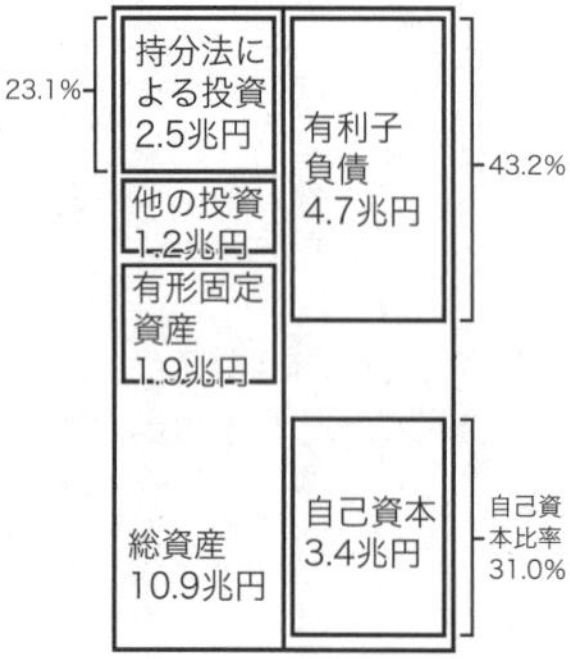

債依存度4割強で、ここでもほとんど両社同じ数値になっていることを確認できます。

そもそも減損とは何か?

このような財務データの特徴をもつ三菱商事、三井物産の両社に2016年3月期にふりかかってきたのが減損損失でした。

減損とは、企業のもつ固定資産の収益性（稼ぐ力）が下がって、投資回収が見込めない場合に、回収可能額まで帳簿価格を引き下げ、その差を損益計算書での損失として計上する会計処理のことです。要は、その固定資産への

投資が失敗したことを意味します。

減損の対象になるのは、商社がもつ資源権益の他、工場や土地のような有形固定資産、さらには特許権や営業権、M&Aによって発生する買収先のブランド価値を示す「のれん」のような無形固定資産も含まれます。

日本の上場企業が計上する減損損失の金額は2015年3月期、2016年3月期と2年続けて合わせて3兆円を超えました。2016年3月期には大手商社5社（伊藤忠商事、丸紅、住友商事も加えた5社）で1・2兆円もの減損を出しました。

減損損失は損益計算書上の損失ですが、減価償却費同様、実際のキャッシュアウト（現金流出）は伴いません。

商社業界の序列を変えた減損

巨額の減損で伊藤忠が利益トップに

最近5年間での総合商社5社の純利益額と順位を示した表を次ページに掲載していますが、2015年3月期までは1位：三菱商事、2位：三井物産、3位：伊藤忠商事（以下、伊藤忠）という上位3社のランクは不動でした。

ところが2016年3月期に三菱商事が4260億円、三井物産が3500億円という各々巨額の減損損失を計上することになり、両社とも初めて純利益が赤字に転落し、それによって商社の純利益ランキングにも異変が生じました。

図表A、Bの下段には、**資源事業・非資源事業からの利益の推移がありますが、両社ともに資源事業からの利益が急落し、2016年3月期は大きな赤字になったことで、純利益の赤字転落につながった**ことが確認できます。

伊藤忠はもともと資源部門からの利益ウェイトが低かったため、資源価格急落の影

〈図表E〉総合商社5社の純利益推移 単位：100万円

	2012年3月期		2013年3月期		2014年3月期		2015年3月期		2016年3月期	
三菱商事	①	453,849	①	323,457	①	361,359	①	400,574	⑤	▲149,395
三井物産	②	434,497	②	296,623	②	350,093	②	306,490	④	▲83,410
伊藤忠商事	③	300,505	③	258,843	③	245,312	③	300,569	①	240,376
住友商事	④	250,669	④	232,451	④	223,064	⑤	▲73,170	②	74,546
丸紅	⑤	154,771	⑤	130,143	⑤	210,945	④	105,604	③	62,264

出所） 各社IR資料より作成　　注）①〜⑤は5社の中での順位

響を比較的受けにくく、三菱商事・三井物産両社の赤字転落によって、初めて純利益トップの座に立ちました。

なお、2017年3月期（第3四半期決算時の各社予想）では、①三菱商事4400億円（黒字転換）、②伊藤忠3500億円、③三井物産3000億円（黒字転換）、④丸紅1400億円、⑤住友商事1300億円となり、三菱商事が2年ぶりに再びトップに立つことが確実視されています。

減損は決算書のどこに表れるのか

このように商社業界の序列まで変えた減損ですが、三菱商事、三井物産の決算書を見ても減損損失○○円という表記はどこにも見当たりません。減損損失は決算書のどこにどのように反映されるのかを両社の決算書から見ていきます。

①損益計算書

減損損失は一般に日本の会計基準では特別損失として計上されますが、両社はIFRSを採用しているため、異なったルートで損失が認識されます。

三菱商事（2016年3月期に4260億円の減損）、三井物産（同3500億円）の減損の対象となった資源権益の多くは、**両社の関係会社（少額出資）先がもつ権益**であるため、損益計算書の「持分法による投資損益」が前年から大幅に減少してマイナスとなり、利益の減少につながっていることで確認できます。

2016年3月期の三菱商事の「持分法による投資損益」は前年の2000億円から▲1750億円へと約3800億円の悪化、三井物産は1440億円から▲1320億円へと約2800億円の悪化を示しており、これらの多くが減損損失に対応しています。

②バランスシート

減損損失は主に損益計算書の「持分法による投資損益」に反映されますが、この損失計上によってバランスシートにも「持分法適用会社への投資」などの資産の減少（減損計上による簿価引き下げ）という形で影響を与えます。

「持分法適用会社への投資」が三菱商事では約3500億円、三井物産では約2800億円減少（ひいては総資産も減少）していますが、これが減損損失計上によるバランスシート簿価切り下げに相当します。

2016年3月期には両社とも減損損失で純利益がマイナスになったため、自己資本も減少しています。ただしその程度は限定的です。

三菱商事では自己資本が9700億円あまり減少しましたが、純利益のマイナスによる影響は1494億円でした。減少幅の多くは他の要因（保有株の含み益減少、円高による評価損など）によるものです。

三井物産でも同様に自己資本が7200億円あまり減少しましたが、純利益のマイナスによる影響は834億円でした。やはり減少幅の多くは他の要因（円高による評価損など）によるものです。

すなわち、**大きなニュースとなった三菱商事、三井物産の2016年3月期の数千億円の減損計上に伴う史上初の赤字転落も、両社の自己資本の厚みに比べればその衝撃は大きいわけではなく、経営を揺るがすような打撃にはならないことがわかります。**

改めて数字で見ると三菱商事の赤字1493億円が一過性である限り、4・6兆円の自己資本の中では経営を揺るがすようなものにはなりません。同様に三井物産の赤字834億円が一過性である限り、3・4兆円の自己資本の中では経営を揺るがすようなものにはなりません。減損損失計上のような「有事」の際には、**自己資本の厚みが安全弁として重要**なのです。

前述の通り、両社とも2017年3月期には黒字転換する見込みです。

③キャッシュフロー計算書

減損損失は減価償却費と同様に、会計上の費用ですが、実際のキャッシュアウトを伴うものではありません。

両社の減損損失は損益計算書では「持分法による投資損益」として千数百億円のマ

イナスとして反映されましたが、これはキャッシュアウトを伴わないため、両社のキャッシュフロー計算書では、営業キャッシュフローに「持分法による投資損益」の損失分とまったく同額が足し戻されていることを確認ください。

減損損失を発表する企業の多くは、「減損損失の発生、それによる赤字は遺憾ですが、キャッシュアウトを伴うわけではないので安心してください」というメッセージを投資家に出します。両社のケースは赤字といっても厚い自己資本に比べると影響は限定的です。しかし、すべての投資家・関係者がこのように冷静に対応するわけではありません。

やはり三菱商事、三井物産のような有名企業が「数千億円の減損損失を計上して、初の赤字転落」というニュースのインパクトはそれだけで強烈です。

実際、両社の減損損失による赤字転落が明らかになった直後には三菱商事、三井物産の株価は大きく下がり、一時伊藤忠が三井物産を29年ぶりに、時価総額で逆転しました。

「一過性の損失」「キャッシュアウトは伴わない損失」といっても、純損失を出したことにより、株主の持分である自己資本を減らしたのは事実であることは投資家としてもきちんと認識しておくべきです。

これからも、減損は増える

減損損失を計上する企業が増えている背景には、ここ数年の日本企業によるM&Aの増大やIFRS導入企業の増加があります。

M&Aでは、出資に見合った収益が期待できなくなれば減損を迫られ、一般にIFRSでは減損の基準も厳しいとされるからです。三菱商事、三井物産もIFRSを導入済みでした。そのため、今後も減損を計上する企業は増えていくことが予想されます。

企業の減損がいつ発表されるか、外部から事前にわかりませんが、商社でいえば資源価格の下落など事前の兆候が見えるものも多く、投資家としてはそのようなサインも見逃さずにウォッチしていくことも必要です。

なお減損損失は出さないにこしたことはないですが、減損損失を出して一時的に出血することになっても、体内の悪い膿を外に出す（劣化した資産を処理）ことによって、翌期以降の体力（収益力）回復につながりやすくなる道筋が見えれば、投資家から見て減損も一概に悪いこととともいいきれません。

この章のポイント

三菱商事、三井物産の減損損失計上は事前に予測できた可能性は比較的高いといえます。

2012〜2013年ごろまでは商社は株式市場で資源株とみなされており、三菱商事、三井物産などは純利益の多くを資源分野で稼いでいました。

ところが原油などの資源安や円安で資源分野での利益が急落した結果、巨額の減損損失を計上することになってしまったのです。

各社の収益源である資源分野の価格動向は常にウォッチすることができますから、資源価格の下落を受けて商社の株価も低迷していました。これも商社の減損損失計上を織り込んだ予兆といえます。

とはいえ両社とも実質初の赤字転落というニュースに、株価はさらに一時期大きく下落しました。ただ、両社の自己資本の厚みに比べれば赤字額は大きいわけではなく、経営を揺るがすような打撃ではないことを市場が理解すると、株価も落ち着きを取り戻しました。

最近では各商社とも非資源事業の強化をうたっています。

稼ぎ頭の事業分野が資源であろうと、非資源であろうと、各事業の収益の見込みがどうなるのかをウォッチしておくことが投資家はじめ外部の利害関係者にも求められます。

そのためには結果としての利益を気にするだけでなく、四半期ごとに明らかにされる決算短信の定性情報、増益・減益見込みの理由が決算説明会資料などでどのように説明されているかにも注意を払うことが必要です。

また、投資先企業の減損の報に接する投資家が気にするのは「公表された以外にも、減損リスクのある事業・資産がないのか」ということです。この点も注意しておきたいポイントです。

決算書の見方4 有事の会社はバランスシート、キャッシュフロー計算書に注意を

損益計算書だけに頼らない

一般に投資家が企業のパフォーマンスを見る際には、損益計算書の売上、利益（とりわけ利益）に最も注目します。

企業の決算発表で注目されるのは利益（営業利益、経常利益、純利益などそのレベルは様々）が前期ないし予想に対してどれくらいの水準だったかです。報道では「〇％の増益／減益」「予想に対して〇億円の上ぶれ／下ぶれ」などと書かれる記事を多く見かけます。

このように決算書を見るうえで、利益や売上など損益計算書に記載される情報が重視されるのは当然のことです。

しかし、本書でとりあげるような**「有事の会社」は、バランスシート、キャッシュフロー計算書に大きな異変が表れるのです。有事の会社のバランスシート、**

キャッシュフロー計算書のチェックポイントについて説明します。

■バランスシートの重要性

「決算書の見方1」でも見たように一般に企業の安全性を判断するにはバランスシートを見ます。安全性を示す代表的な指標は自己資本比率で、一般的には30～40%以上あることが望ましいとされます。自己資本比率が1ケタになると一般的には危険水域とみなされ、信用不安や株価の大幅な下落などにつながりやすくなります。

1章で見た日本航空は自己資本比率がどんどん下がり、破綻直前には1ケタまで低下していました。

自己資本比率は安全性を示す代表的な指標ですが、最近ではそれだけを見るのでなく、自己資本と有利子負債の相対的な大きさの比率（負債資本倍率、D／Eレシオ=Debt/Equityレシオ）で安全性を判断する考え方も広まっています。

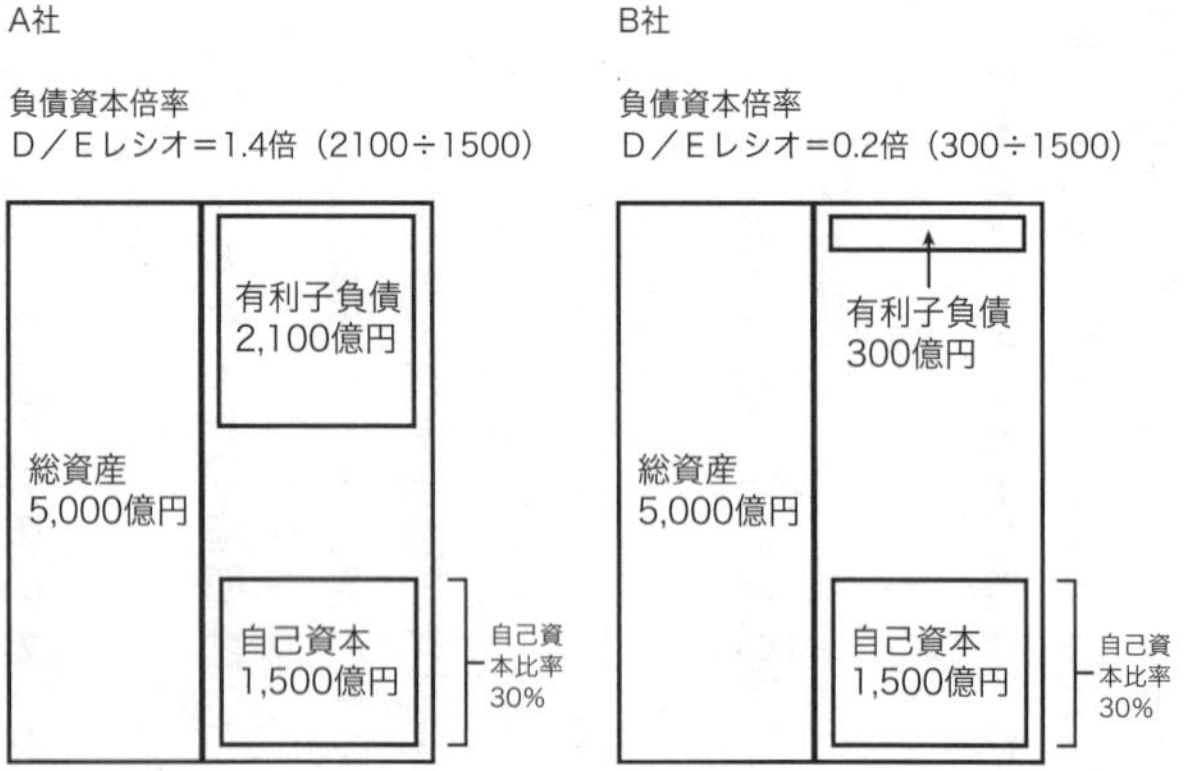

例えば総資産５０００億円、自己資本１５００億円と同じ額のA社、B社があったとします。自己資本比率は同じ30%ですが、有利子負債がA社は２１００億円、B社は３００億円だとすると、負債資本倍率（D／Eレシオ）はA社が１・４倍（２１００÷１５００）、B社は０・２倍（３００÷１５００）なので、自己資本比率が同じであっても、B社の方が安全性が高いと判断されます。D／Eレシオは一般的には１倍以内が望ましいとされます。

本書では、各社の財務データ一覧表に、自己資本比率（全社）と負債資本倍率（一部）の両方を併記しています。

なお、バランスシートを縮尺法（金額の大きさにあわせた比率で図示すること）で図示すると、その企業の安全性がビジュアルに、また直感的にわかるようになります。この本では多くの企業のケースでバランスシートを縮尺法で図示していますのであわせて確認ください。

※注　負債資本倍率（D／Eレシオ）は、このように有利子負債をそのまま計算する方法に加え、「有利子負債－手元流動性」を「純有利子負債」として算出する方法もある

キャッシュフロー計算書の危険な兆候

キャッシュフロー計算書の要点は、「決算書の見方1」でも見たように

①企業は本業の「営業キャッシュフロー」で稼いだキャッシュを
②設備投資やM&Aなどの「投資キャッシュフロー」に回し
③借金返済や配当、自社株買いなどの「財務キャッシュフロー」に回す

これら一連のキャッシュの流れがどうなっているのかを示したものです。

キャッシュフロー計算書で、ある企業が順調か「ヤバい」状況かを判断する簡単なチェックポイントは、**営業キャッシュフローが継続的にプラス（キャッシュイン）になっているかどうか**です。営業キャッシュフローは本業のビジネスでキャッシュが入ってきているかどうかを示しますので、これが継続的にプラスになっていれば順調と判断できます。

逆に営業キャッシュフローが2年、3年（以上）と続いてマイナス（キャッシュアウト）というのはかなり危険なサインです。本業のビジネスをやっても何年もキャッシュが稼げないことを示しているわけですから。

2章で破綻事例として紹介したアーバン、江守グループは損益計算書では増収増益を続けながらも、営業キャッシュフローがずっとマイナスで最終的に破綻に至りました。

1章でとりあげた日本航空やスカイマークもともに、破綻に至るまで営業キャッシュフローが急減していき、破綻直前には営業キャッシュフローがマイナスに転落していたことが確認できます。

■「勝負パターン」を見抜け

一般には①営業キャッシュフローのプラス（キャッシュイン）の中で、②設備投資などを行って投資キャッシュフローのマイナス（キャッシュアウト）、③借金返済など財務キャッシュフローのマイナス（キャッシュアウト）というのが「平時の標準的な」キャッシュフローのパターンです。

ところが巨額の買収や大型設備投資を行う際には、③資金を多く借り入れて（財務キャッシュフローのプラス（キャッシュイン））、②M&Aなどの大きな投資を行う（投資キャッシュフローの大きなマイナス（キャッシュアウト））という「勝負パターン」になります。5章で見るソフトバンク、サントリーなど**巨額M&Aを行う会社のキャッシュフローパターンは例外なく、この「勝負パターン」になっています。**

数字例で示すと、次のようになります。

いずれも「期末現金残高＝期首現金残高＋営業CF＋投資CF＋財務CF」という関係（定義式）になっていることを確認ください。

平時の標準キャッシュフローパターン数字例 単位：億円

営業キャッシュフロー	1,000	
投資キャッシュフロー	▲ 600	営業CFのプラスの範囲内での投資
財務キャッシュフロー	▲ 200	通常の借金返済等
期首現金残高	500	
期末現金残高	700	期首現金500＋営業CF1,000＋投資CF▲600＋財務CF▲200

※フリーキャッシュフロー＝営業CF1,000＋投資CF▲600＝400

巨額投資などを行う勝負キャッシュフローパターン数字例 単位：億円

営業キャッシュフロー	1,000	
投資キャッシュフロー	▲ 2,300	営業CFのプラスを大きく上回る投資
財務キャッシュフロー	1,200	大型投資のために巨額銀行借り入れ
期首現金残高	500	
期末現金残高	400	期首現金500＋営業CF1,000＋投資CF▲2,300＋財務CF1,200

※フリーキャッシュフロー＝営業CF1,000＋投資CF▲2,300＝▲1,300

なお営業キャッシュフローと投資キャッシュフローを合わせたものを「フリーキャッシュフロー」とも呼びます。

これらキャッシュフロー計算書の主要項目のうち「現金残高」だけはフロー概念でなくストック概念の数字です。

期首、期末現金残高と3つのキャッシュフローとの関係を示したグラフ

キャッシュフローのパターン

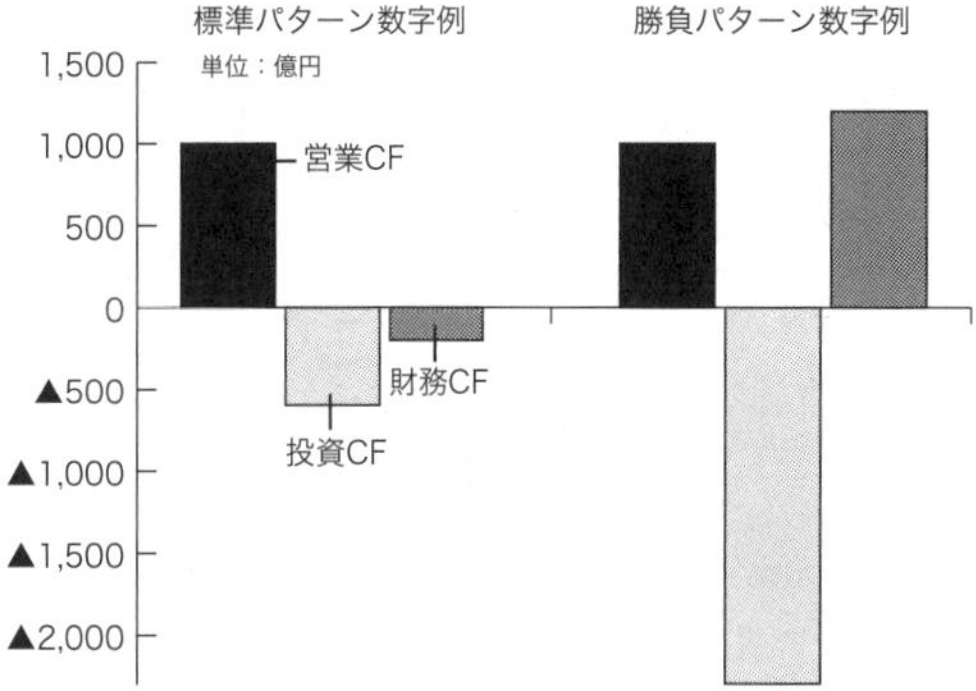

を次ページに掲載しています。

最後にモノを言うのは現金

　バランスシートには左（資産側）上、キャッシュフロー計算書では下段に「期末現金・現金同等物」として表示されるのが現金です。

　現金を必要以上にため込んでおくことは、資産の有効活用という観点から投資家からはネガティブに評価されますが、**経営危機など有事の際に最後にモノを言うのは現金です。どんな企業でも現金が底をつけば資金繰りが尽き、破綻します。**

　「資金繰りに窮して破綻」を端的に示し

キャッシュフローの定義式の図示

単位：億円

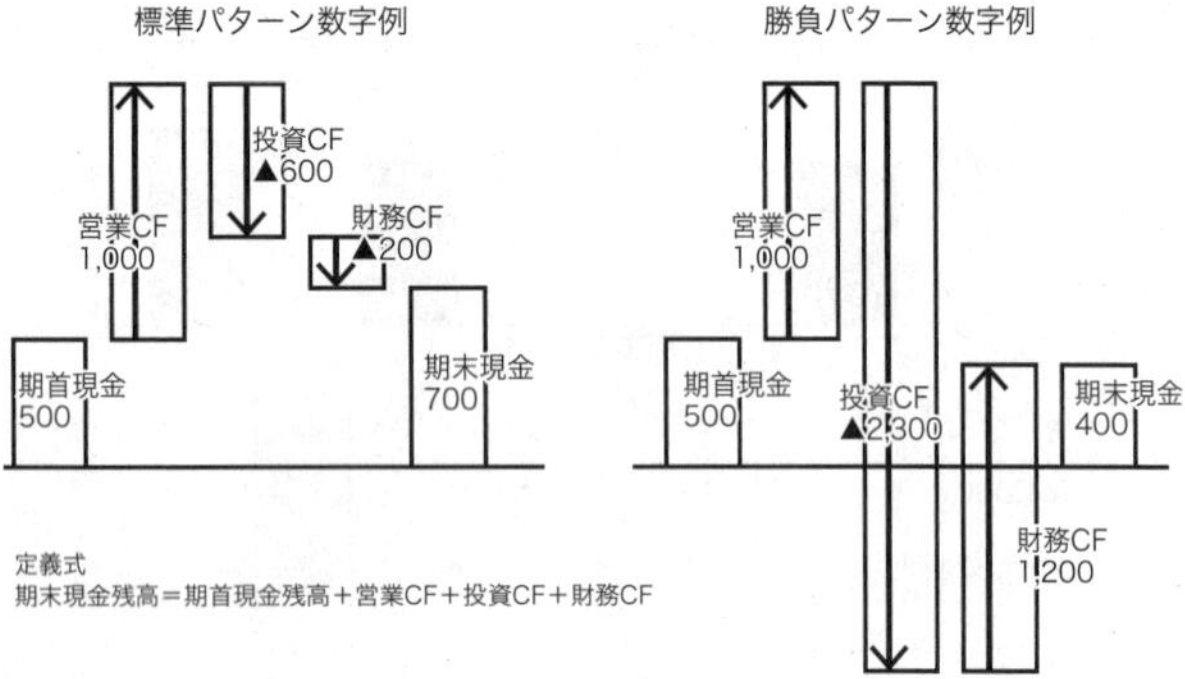

定義式
期末現金残高＝期首現金残高＋営業CF＋投資CF＋財務CF

ているのが1章で見たスカイマークでした。年間売上800億円の企業が、破綻10カ月前の2014年3月期には現金残高が70億円に急減、9月末には45億円、12月末にはわずか7億円とほとんど底をつき、資金繰りのメドがどうにもつかなくなり、年明け2015年1月28日に民事再生法申請に至ったのは、すでに見た通りです。

4章

こうして決算書は嘘をつく

——粉飾にだまされるな！

東芝 vs. オリンパス

粉飾

大企業の粉飾決算が明るみに出るケースは後をたちません。2000年代中ごろには西武鉄道、カネボウ、ライブドア、日興コーディアルグループなど毎年のように有名な企業の粉飾が続き、多くは上場廃止、経営者の逮捕などに発展しました（社名は当時）。

その後2010年代に入ってからはオリンパス（2011～2012年）、東芝（2015～2016年）の粉飾事件が大きなニュースとして注目されました。東芝はさらに米原子力事業での巨額損失問題（2016～2017年）で存亡の危機に直面しています。

両社のケースから見る粉飾の発覚から決算書への影響がどのようなものか、見ていきます。

2015年7月21日付　日本経済新聞

2011年11月9日付　日本経済新聞

老舗名門企業、東芝粉飾の衝撃

組織的な不適切会計処理

経団連会長や副会長を多数輩出するなど、老舗名門企業の東芝で2015年に明らかになった利益かさ上げのための粉飾事件は「あの東芝までもが……」という驚きを多くの人に与え、日本企業のガバナンスのあり方についても大きな議論を呼び起こしました。

まず東芝粉飾事件の経緯を振り返ります。

2015年4月3日、東芝が「一部のインフラ工事の会計処理に問題があった可能性がある」と発表したのが一連の事件の発端でした。これに伴い2015年3月期の業績予想を取り下げたことから東芝株はストップ安になるなど不安が広がりました。

5月13日には東芝から「2012年3月期から2014年3月期までの3年間に営業利益段階で500億円強の減額修正が見込まれる」との発表がありました。

5月15日には第三者委員会が発足して本格調査に入り、同年7月20日に東芝に調査報告書を提出しました。この報告の要点は次の通りです。

・歴代3社長（西田厚聡、佐々木則夫、田中久雄の各氏）が「チャレンジ」と称して現場に圧力をかけ、上司に逆らえない企業風土の中で**組織的に、経営判断として不適切な会計処理が行われた。**

・利益操作の金額は、2009年3月期から2016年3月期第3四半期（2015年4～12月まで）税引前利益ベースで1518億円にのぼる。これは、この間の税引前利益5650億円の27％に相当する（社内自主チェック分44億円を含めると1562億円）。

第三者委員会が認定した粉飾額1518億円は以下の4つの手口ごとに金額も明らかにされました。

総額1518億円、粉飾の4つの手口

①部品取引（パソコン事業での部品のバイセル取引など）　592億円かさ上げ

・東芝はパソコン事業などで、部品を組立会社に対して調達価格の数倍の「マスキン

グ価格」で有償支給し、加工完了後に加工賃を上乗せした価格で買い戻す。

・部品支給時に値差（組立会社への提供額－仕入先からの調達額）と同額を売上原価から減額して利益を計上するが、買い戻し時に値差を製造原価に戻して、計上した利益を取り消すのが本来の処理。しかし組立会社からの未引取分については、利益が計上されたままになるのを悪用して、期末に加工会社に部品を押し込むことなどで利益をかさ上げした。

②工事進行基準（インフラ関連事業など）　477億円かさ上げ

・複数年にわたる工事、機械装置の製造、システム開発などの請負契約では工事の期間や売上、コスト、進捗度を合理的に見積もり、コストに応じて工事（開発）進捗度をはじき、売上高が按分計算されるのが工事進行基準。以下の方法で利益をかさ上げする。

・各四半期末での見積もり工事原価を過小に見積もり、工事進捗度を過大に設定してその分の売上、ひいては利益を先行計上する。

・当初想定外の理由でコスト増になることが明らかになっても、損失引当金を計上しない。

③半導体在庫（半導体事業の在庫評価）　３６０億円かさ上げ

・ディスクリート、システムＬＳＩなど特定顧客向けの在庫で販売が見込めなくなったものや、需要予測を誤って発生した作りだめ在庫の損失計上を先送りして利益をかさ上げ（廃棄のタイミングで初めて損失を認識）。

・標準原価を厳しく設定して、発生した原価差異を資産項目（半製品、仕掛品）に配賦して売上原価を小さくして利益をかさ上げ。

④経費計上（テレビなどの映像事業）　88億円かさ上げ

・発生主義（未払いでも費用と認識）で処理しなければならない費用を、現金主義（実際の支払いで初めて費用と認識）で処理することによって、経費発生を遅らせて、利益をかさ上げ。

・取引先に価格値下げを要求し、確実性が低いのに値下げされた前提で会計処理して、利益をかさ上げ。

利益かさ上げは2248億円に拡大

この報告を受けて歴代3社長、すなわち当時の田中久雄社長、佐々木則夫副会長(前社長)、西田厚聡相談役(前々社長)の辞任による経営陣刷新が発表され、2015年7月22日付で室町正志会長が暫定的に社長を兼務することが決まりました。

2015年3月期の決算発表が何度も延期になる異常事態の中、同年9月7日にようやく2015年3月期の決算とともに、過去2009年3月期以降の過年度決算の修正があわせて発表されました。

2015年3月期は最終損益が378億円の赤字(赤字は5年ぶり)となりました。主因は電力・インフラ部門、電子デバイス部門、ライフスタイル(家電)部門など、いくつもの部門で減損処理を行い、各部門の資産の劣化(稼ぐ力の減少)を損失として認識したためです。

同時に発表された2009年3月期以降の過去にさかのぼって、2015年3月期第3四半期まで7年間の決算修正は、次のようになりました。

7月20日の第三者委員会の報告では税引前損益で同期間に1562億円の利益かさ上げが行われたとされましたが、**9月7日の発表ではかさ上げ金額が2248億円とさらに大きくなっています（修正前利益に対して39％に相当します）。**

・税引前損益
修正前（粉飾状態）　5830億円　⇓　修正後　3582億円
2248億円の下方修正（利益かさ上げ）

・純損益
修正前（粉飾状態）　447億円　⇓　修正後　▲1105億円
1552億円の下方修正（利益かさ上げ）

自己資本急減で債務超過の危機

セグメントで見抜く「かさ上げ」

次ページでは、かさ上げ分2248億円がどの手口（要因）によるものかを示しています。要因は6つに分類されています。「パソコン事業における部品取引」が最多ですが、要因ごとに数百億円レベルのかさ上げが行われており、**東芝の粉飾は一部の部門による単純な手口ではなく各部門をまたがって組織的に、複合的な手口によって行われてきた**ことがわかります。

利益かさ上げがどの事業セグメントで多く行われたか、については営業損益段階で2010年3月期から2014年3月期まで5年分のデータからわかります。

5年間の累計営業利益は修正前（粉飾状態）が1兆4992億円でしたが、このうち2688億円がかさ上げされており、修正後は7804億円に減少しています。

セグメントが組み替えられる前の2013年3月期までの4年間では累計2351

税引前利益かさ上げ2248億円の手口別の内訳

パソコン事業における部品取引等	578億円
工事進行基準	479億円
固定資産減損	465億円
半導体事業における在庫の評価等	371億円
自主チェック等	294億円
映像事業における経費等	61億円
合計	2,248億円

億円の利益かさ上げ金額のうち、「電子デバイス（半導体など）」で全体の半分の1164億円、「デジタルプロダクツ（テレビ、パソコンなど）」で771億円と大半を占めています。

東芝の粉飾は先にも見たように全社的に、複合的な手口で行われましたがその中でも**特に電子デバイス（半導体）の在庫評価、パソコンの部品（バイセル取引）を中心に利益かさ上げが多く行われた**ことがわかります。

同年9月14日、東京証券取引所は東芝を内部管理体制に問題のある「特設市場銘柄」に指定し、東芝株は上場廃止の可能性も議論されるようになります。

ウェスチングハウスの減損問題

過去までの決算の修正をようやく終えた東芝に、次

米原子力事業で巨額損失発覚

粉飾による混乱のピーク期

〈図表A〉東芝　連結業績　単位：100万円、%

	2014年3月期	2015年3月期	2016年3月期(売却したヘルスケア・家電除く)	2016年3月期(売却したヘルスケア・家電含む)
売上	6,489,702	6,655,894	5,668,688	6,246,500
のれん減損損失			▲294,972	
営業利益	257,126	170,439	▲708,738	▲720,700
営業利益率	4.0%	2.6%	▲12.5%	▲11.5%
非継続事業純利益			370,858	
当期純利益	60,240	▲37,825	▲460,013	
総資産	6,172,519	6,334,778	5,433,341	
自己資本	1,027,189	1,083,996	328,874	
自己資本比率	16.6%	17.1%	6.1%	
ROE(当期純利益/自己資本)	5.9%	▲3.5%	▲139.9%	
営業キャッシュフロー	284,132	330,442	▲1,230	
投資キャッシュフロー	▲244,101	▲190,130	653,442	
財務キャッシュフロー	▲89,309	▲125,795	135,747	
現金残高	171,340	190,182	969,715	

2017年3月期見込み
(2017年2月14日発表)

売上	5兆5,200億円
営業利益	▲4,100億円
純利益	▲3,900億円
自己資本	▲1,500億円(債務超過)

WH社の減損損失

東芝メディカル売却益

粉飾等により2年で5,000億円の純損失発生。そのため1兆円あった自己資本は大きく毀損し、自己資本比率6.1%にまで急落

東芝メディカルを6,655億円でキヤノンに売却により
①期末自己資本比率を3%ほど上昇させて債務超過の危機回避

②売却収入は投資キャッシュフローの巨額の収入(キャッシュイン)に反映

事業セグメント別　単位：100万円、%

電力・社会インフラ＝原子力等発電システム、公共インフラなど

	2014年3月期	2015年3月期	2016年3月期(売却したヘルスケア・家電除く)	2016年3月期(売却したヘルスケア・家電含む)
売上	1,805,527	2,003,813	2,048,402	
営業利益	6,548	19,569	▲367,500	
営業利益率	0.4%	1.0%	▲17.9%	

コミュニティ・ソリューション＝エレベーター、ビル・施設、空調・照明、POSレジ事業など

売上	1,356,636	1,410,686	1,425,249	
営業利益	55,474	53,900	▲78,800	
営業利益率	4.1%	3.8%	▲5.5%	

ヘルスケア＝医療機器(東芝メディカルソリューション)

売上	410,727	412,515		436,800
営業利益	29,892	23,871		2,500
営業利益率	7.3%	5.8%		0.6%

電子デバイス＝メモリー、半導体、ストレージ事業など

売上	1,687,285	1,768,752	1,604,963	
営業利益	264,801	216,642	▲101,600	
営業利益率	15.7%	12.2%	▲6.3%	

これまでは電子デバイスだけがコンスタントに利益出す

ライフスタイル＝テレビ、パソコン、白物家電

売上	1,314,617	1,163,692	542,535	802,000
営業利益	▲54,644	▲109,747	▲131,900	▲150,600
営業利益率	▲4.2%	▲9.4%	▲24.3%	▲18.8%

出所)東芝IR資料より作成、コメントは筆者
注)会計基準は米国基準

にふりかかってきたのは米国の原子力事業子会社ウェスチングハウス（以下、WH社）の減損問題でした。東芝は2006年にWH社を買収して子会社にしており、東芝の資産には同社の「のれん」（買収金額－買収時のWH社の自己資本）が計上されています（当時のレートで3500億円相当）。

2015年11月には「WH社は過去の決算で減損損失を出しているのに、親会社である東芝はWH社の『のれん』を減損していない」という報道が行われ問題視され始めました。

結局、東芝は2016年3月期決算でWH社ののれん減損の実施に追い込まれます。それにより、東芝が2016年3月期の決算を乗り切れるのかどうかが注目されるようになります。2016年3月期には通期で数千億円の最終赤字が予想されていました。

東芝の自己資本は2015年3月期末に1兆8400億円、同年9月末でも1兆200億円と1兆円ラインを維持していましたが、第3四半期（2015年10～12月）で4800億円の純損失を計上したため、**2015年12月末の自己資本は5300億円弱にほぼ半減し、自己資本比率もそれまでの16～17％程度から8・8％**

へと1ケタに急落しました。

WH社の減損の可能性もふまえると第4四半期（2016年1～3月）の追加損失計上次第では債務超過（自己資本がマイナスになる状態）になる可能性も指摘されるようになり危機が迫ります。

やむをえず虎の子を売却

東芝メディカルと白物家電の事業売却

このように追い詰められつつあった東芝が選んだのは、虎の子の子会社である東芝メディカルシステムズ（東芝メディカル）と、白物家電事業などの売却でした。

東芝メディカルはCTスキャナーなどの医療機器を展開する子会社で、東芝のメディカル事業セグメントの中心企業でした。

売上は3000億円弱、営業利益は200億円を稼ぐ**優良企業で、東芝は本来は手**

放したくないはずですが、本体に危機が迫る中でまとまったキャッシュを手に入れるためにやむをえず売却する道を選んだものです。

東芝メディカルの売却入札にはキヤノン、富士フイルムHD、コニカミノルタの3陣営が応札し、結果、2016年3月17日にキヤノンに全株式を6655億円で売却する契約を結びました。

決算期末の3月31日までに早く現金の欲しい東芝はキヤノンと異例の契約枠組みを用いて、契約当日の代金払い込みにより、東芝は2016年3月期決算に3752億円の売却益を計上しました。また1ケタに落ち込んだ自己資本比率を向上させることができ、なんとか2016年3月期決算を乗り切ることができました。

伝統の白物家電事業も売却

2016年3月にもう一つ大きなニュースになったのが冷蔵庫、洗濯機、エアコンなど、消費者の生活に最も身近な白物家電事業を展開する子会社・東芝ライフスタイルを中国企業に売却するに至ったことです。

買収したのは中国の美的集団、Ｍｉｄｅａブランドで家電を展開する企業です。東芝は同社に東芝ライフスタイルの株式の80・1％を537億円で売却しました。金額では東芝メディカルの売却金額6655億円の1割弱程度です。

東芝ライフスタイルの業績（単体）は売上2000億円程度、営業損益は600億円程度の赤字が続いていたので、売却は東芝にとっては赤字事業の切り離しという意味ももちます。こうして同社は2016年6月30日に東芝の子会社から美的集団の子会社になりました。美的集団は東芝ブランドを世界で40年間使用する契約になっています。

現在も家電量販店では東芝ブランドの白物家電製品は以前と同様に売られていますし、「東芝ライフスタイル」の社名も変わっていないので変化に気づきにくいですが、今では東芝の白物家電製品が売れてももはや東芝の連結決算には反映されません。

なおパソコン、テレビ事業は売却されませんでした。ダイナブックのブランドで知られるパソコン事業についても、当初は連結から外して富士通、VAIO（ソニーから独立）との3社での事業統合が模索されましたが、交渉がまとまらず、現在も子会社で展開されています。「REGZA」ブランドで知られるテレビ事業も子会社で引き続き展開されています。

このように、粉飾決算を契機に経営危機に追い込まれた東芝は東芝メディカルと白物家電子会社の東芝ライフスタイルを売却することで、**合わせて7000億円あまりを手にしてひとまず経営危機を回避することになりましたが、これによって東芝は名実ともに総合電機の旗を降ろした**ことになります。

※注　この他、2015年7月に出資するフィンランドのエレベーター会社の株を1180億円で売却している

2016年3月期の決算は5月12日に発表されたもののその後、5月23日、6月24日と2回にわたっての訂正発表があり、結局2016年3月期決算では営業損益で7087億円、純損益で4600億円もの大幅な赤字を計上しました。なお、2016年6月22日の株主総会で綱川智副社長が社長に昇格しています。

巨額の赤字の説明

この巨額の赤字については次のように説明されています。

【営業損失7087億円について】

・原子力※、TGCS（米IBMから取得したPOS事業会社）、送変電・配電・太陽光等を中心に4521億円の資産評価減を計上

・2017年3月期からの黒字転換を確実にすべく、構造改革費用1461億円を計上

・不採算案件の引当および棚卸資産の評価減1414億円を計上

※筆者注　この「原子力」は米国の原子力事業子会社WH社の減損損失2476億円を計上したことを指す。これまでWH社の減損に後ろ向きだった東芝がこのタイミングでようやく減損を計上した背景には、①社外からWH社の減損をしないことについての批判・不信感が高まっていた、②東芝メディカルの売却益を計上できるメドがたったのでWH減損を行っても財務的に乗り切れるメドがついたことがあると考えられる

【純損失4600億円について】

・東芝メディカルの売却益3752億円を利益として計上

・一方で東芝本体および連結子会社にかかる繰延税金資産取崩し3000億円を計上

2016年3月期の決算数値を見る際に注意が必要なことが2点あります。いずれも東芝が採用する米国会計基準と日本基準の違いによるものです。

まず、米国会計基準には、日本にある特別損失という概念がありません。東芝が粉飾をきっかけに2016年3月期に計上した巨額の損失は、日本の会計基準なら特別損失に計上されますが、米国基準では営業費用として計上されるため、営業損益段階から巨額の損失が計上されています。

次に、売却が決まったヘルスケア事業（東芝メディカル）、白物家電事業の扱いです。これらは3月末時点で売却が済んだか確定したため、米国会計基準の損益計算書では「非継続事業」として扱われ、連結売上高、営業損益にはこれらの事業が含まれません。しかし実際には両事業とも、2016年3月期の1年間の大半の期間、これら両事業とも東芝の連結子会社として展開されていたため、両事業を含んだ売上・営業損益の数字もあわせて参考として図表Aに併記しています。

米原子力事業の底なしリスクが発覚、東芝解体へ

2017年3月期決算に向けての展望は、2016年11～12月下旬までは予想外に明るいものになっており、株価も持ち直していました。その理由は、事業の柱であるスマホ向けの半導体メモリーの価格が高騰したことで第2四半期（2016年4～9月）までの業績が好調だったことです。加えて、自己資本を構成する「為替換算調整勘定」が円安の影響でふくらむため、自己資本の上積みが期待されることでした。

ところが2016年12月27日に、米国での原子力事業（WH社が買収した子会社）に関して数千億円の損失計上の可能性が伝えられると、ムードは一変しました。2017年2月14日に予定されていた第3四半期（2016年4～12月）決算発表は当日になって延期されるという大混乱の中、「監査を受けていないので大きく修正される可能性がある」という前提で以下の見通しが発表されました。

・2016年4～12月決算で米原子力事業に7125億円の損失（全額のれん減損）が発生した結果、2016年12月末時点で1912億円の債務超過状態に陥った

・2017年3月期の通期見通しでは売上5兆5200億円、営業損失4100億円、純損失3900億円。2017年3月末時点でも1500億円の債務超過の見込み

その後、債務超過を解消するために、最後の虎の子事業であるメモリー事業（2016年3月期売上8456億円、営業利益1100億円）を2017年4月1日に分社化してなるべく早期に株式の過半を売却して2兆円以上を調達して債務超過を解消する方針が打ち出されました。

ようやく粉飾決算の処理が一段落した直後に突然7000億円超もの損失が発覚し、いきなり債務超過に転落という事態の急進展。東芝グループのガバナンスには驚くばかりです。その背景には「WH社経営者による不適切なプレッシャーの存在」（2月14日付リリース）も指摘され、2015年に明らかにされた東芝本体の粉飾決算の背景にあった「チャレンジ」（と称する経営者による現場への圧力）と同様の構図も指摘されています。

米WH社の減損損失で債務超過の危機に直面した2016年3月期決算を乗り切る

ために優良子会社の東芝メディカルと、白物家電事業を売却しました。そして今、米原子力事業での巨額損失穴埋めのために、稼ぎ頭のメモリー事業を売却しようとしているわけです。

東芝の売上はリーマンショック前の2008年3月期には7兆6680億円に達していました。それが2017年3月期見込みでは5兆5200億円、その後に売上8456億円のメモリー事業が売却され連結対象から外れると売上は4兆7000億円程度にまで縮小することになります。

原子力事業をめぐっては、WH社の客先への支払い義務が履行できない場合は東芝が親会社として支払い義務を負うことが明らかにされるなど、他にも様々な巨額リスク要因が取りざたされています。虎の子優良事業を次々と売却してでも、赤字かつ高リスクの原子力事業の損失をカバーせざるを得ない名門企業・東芝は着実に解体に向かっています。

社長解任から始まった粉飾決算事件

大混乱に陥ったオリンパス

オリンパスの粉飾決算が発覚した経緯は異例のものでした。2011年10月に、英国人マイケル・ウッドフォード社長（同年4月にオリンパス初の外国人社長として就任）が突然解任されました。解任されたウッドフォード氏は「オリンパスが何年も前から損失隠しのための粉飾を続けていること、自分の解任は真相解明を妨げるためのものである」ことなどを主張して、旧経営陣と言い分は真っ向から対立しました。その後、度重なる社長交代、株価の急落などオリンパスの経営は大混乱に陥りました。

2011年11月1日には、第三者委員会が設置され、12月6日には委員会から報告書が提出。オリンパスは12月15日に過去の決算の訂正を発表します。

粉飾の手口の特異性

ここで明らかになったオリンパスの粉飾の手口は手の込んだものでした。同社は1990年代からいわゆる財テクに関わる損失を抱えていましたが、損失計上を先送りするために、連結対象外の受け皿ファンドに移して（いわゆる「飛ばし」）簿外損失としました。

この簿外損失を処理するためにオリンパスは2000年代後半、本業と関係の薄い企業を高値で買収してバランスシートに「のれん」を計上しておき、その後、買収した企業の価値が下がったことにしてのれんを減損処理するなどして費用処理をしてきました。**つまり、本来は財テクで生じた損失を隠すために、あえて企業買収を失敗させて「のれん」の減損などに付け替えて処理をしていた**わけです。

2011年12月15日には、これらの問題についての過去にさかのぼっての訂正（連結から外した簿外ファンドの損失などをオリンパスの損失として発生時に処理）が行われました。

訂正前（粉飾状態）と訂正後では損益計算書、バランスシートに主に以下のような変化が生じました。

まず、損益計算書では、過去に簿外処理されていた損失を発生時にさかのぼって処理（2006年3月期以前の損失処理累計額は1184億円）したため、2007年3月期から2011年3月期の5年間累計では営業利益が123億円、純利益で614億円増加することになりました。

バランスシートでは、2006年3月期以前の損失処理累計額1184億円が訂正期間1年目の期首2006年4月1日付で自己資本から減額されています。これにより2007年3月期末の自己資本は訂正前（粉飾状態）の3342億円（自己資本比率30・6％）から2142億円（21・4％）へと大きく低下しました。

創業以来最大の危機

結局、解任されたウッドフォード氏の訴えが概ね正しかったこと（旧経営陣の粉飾決算行為）が明らかになりました。2011年11月には強制捜査が入り、2012年2月には実力者の菊川剛氏（2001～2011年の社長）らが逮捕されるに至りました。

2012年3月期のオリンパスのアニュアルレポートでは、その1年を次のようにまとめています。

「当社にとっては、経営トップの交代、損失計上の先送り等に係る事実の判明、過年度決算の訂正、東京証券取引所による当社株式の特設注意市場銘柄の指定、経営体制の刷新など、創業以来最大の危機と言うべき、大変厳しい年となりました」

2012年3月期には276億円の特別損失の発生（過年度決算訂正関連費用含む）、今後の収益見通し悪化に伴う繰延税金資産の取り崩しなどによる法人税の302億円への急増などにより、489億円という巨額の純損失を計上することになり、**2012年3月期末の自己資本比率は、4・6%と前年の11・0%から急落し、危機的水準にまで下がりました（2012年6月末にはさらに2・2%にまで低下）。**

「世界シェア70%」の内視鏡に救われる

経営の大混乱が続く中、上場廃止の可能性も高まっていましたが、結局オリンパスは他の粉飾決算発覚企業のような上場廃止や解体などに追い込まれることはありませんでした。

東京証券取引所での特設注意市場銘柄への指定（2012年1月）が、同年6月に解除され、これが上場廃止を免れ危機的な状況を脱する節目となりました。また、2013年2月までにソニーからの500億円の出資受け入れにより、自己資本比率も2013年3月期末には15・5％にまで回復しました（2016年3月期末には38・2％）。

オリンパスが他の粉飾決算発覚企業と異なり、上場廃止や会社解体などに追い込まれず、当時自らも経営不振状態にあったソニーがオリンパスに500億円もの出資を決めた最大の理由は、オリンパスが粉飾の混乱があっても揺るぎのない優良事業をもっていたことにありました。

カメラ事業ではなく医療事業、具体的には世界シェア70％をもつ内視鏡事業が会社の収益の大きな柱であったことがオリンパスを救いました。

内視鏡を中心とする医療事業がオリンパスの経営にとってどれだけの意味をもつのかは事業セグメント情報を見ることで明らかになります。主要な3事業セグメントがどのような製品・サービスで構成されるかを確認しておきます。

オリンパスのセグメント情報

・医療事業

「医療機器事業」と認識するほうがわかりやすいです。この医療事業の製品を買うのは一般消費者ではなく、病院などの医療機関です。**この医療事業がまさにオリンパスの経営を支えているのです。**

2013年3月期の売上は3947億円で、映像（デジカメ）事業の4倍あまりの規模があります。そのうち55％に相当する2186億円が消化器内視鏡（ビデオスコープ、画像記録装置など）、45％に相当する1760億円が外科・処置具（外科内視鏡、ディスポーザル高周波ナイフなど）です。

・科学事業

ライフサイエンス分野でのイメージング機器や非破壊検査用の機器の事業です。なお非破壊検査とは、「〝物を壊さずに〟その内部のきずや表面のきずあるいは劣化の状

粉飾発覚、混乱のピーク期

〈図表B〉オリンパス　連結業績　単位：100万円、%

	2011年3月期	2012年3月期	2013年3月期	2016年3月期
売上	847,105	848,548	743,851	804,578
営業利益	38,379	35,518	35,077	104,464
営業利益率	4.5%	4.2%	4.7%	13.0%
当期純利益	3,866	▲ 48,985	8,020	62,594

総資産	1,019,160	966,526	960,082	1,000,614
自己資本	112,477	44,770	149,105	382,359
自己資本比率	11.0%	4.6%	15.5%	38.2%

ROE（当期純利益／自己資本）	3.4%	▲ 109.4%	5.4%	16.4%

営業キャッシュフロー	30,469	30,889	25,233	48,621
投資キャッシュフロー	19,003	▲ 35,735	33,455	▲ 52,897
財務キャッシュフロー	▲ 37,359	▲ 5,761	▲ 42,436	▲ 33,870
現金残高	210,385	198,661	225,782	166,323

粉飾決算発覚で500億円の純損失、自己資本比率は4.6%にまで低下し危機的水準に

事業セグメント別　単位：100万円、%

医療＝内視鏡など	2011年3月期	2012年3月期	2013年3月期	2016年3月期
売上	355,322	349,246	394,724	608,927
営業利益	71,682	68,188	87,069	140,220
営業利益率	20.2%	19.5%	22.1%	23.0%

世界シェア7割の内視鏡を中心とする医療事業はコンスタントに20%の利益率、全社利益の2倍を稼ぐ

科学＝ライフサイエンス、工業用機器

売上	100,808	92,432	85,513	101,608
営業利益	8,553	5,439	3,527	8,482
営業利益率	8.5%	5.9%	4.1%	8.3%

映像＝デジカメなど

売上	131,417	128,561	107,638	78,284
営業利益	▲ 15,019	▲ 10,760	▲ 23,073	▲ 2,064
営業利益率	▲ 11.4%	▲ 8.4%	▲ 21.4%	▲ 2.6%

映像（デジカメ）はずっと赤字の事業

出所）オリンパスIR資料より作成、コメントは筆者
注）会計基準は日本基準

況を調べ出す検査技術のこと」（日本非破壊検査協会のホームページより）を示します。

・映像事業

一言でいえばデジカメ事業です。各事業セグメントの中で一般の人に最もなじみのある事業です。2013年3月期の映像事業売上1076億円のうち、88％の951億円がデジカメです。ブランドとしてはハイエンドのミラーレスカメラ「OM－D」、小型軽量のミラーレスカメラ「PEN」、コンパクトデジカメ「STYLUS」などがあります。

医療（内視鏡）事業の圧倒的な収益貢献

一般にはオリンパスというとイメージされる映像事業（デジカメ事業）の売上ウェイトは14・5％（2013年3月期）ですから全体の7分の1程度に過ぎません。

連結売上の過半数である53・1％が医療事業（内視鏡などの医療機器事業）であることが注目に値しますが、医療事業の存在感は、売上貢献にとどまりません。利益面

ではさらに大きい貢献を果たしているのです。データは図表Bで確認ください。

各セグメントの中で唯一、20％以上という圧倒的に高い営業利益率をマークしているのは医療事業です。

医療事業が稼ぎ出す営業利益額は2012年3月期が681億円で全社連結の355億円の1・9倍、2013年3月期は870億円で全社連結350億円の2・5倍もの水準です。

つまり**オリンパスの業績において、医療事業はデジカメなど他の事業の赤字を補ってあまりある圧倒的な収益貢献をコンスタントに果たしている**のです。

前述のように、医療事業の中でも主力となるのは世界シェア7割の消化器内視鏡です。これらの製品は販売先が病院などの医療機関なので、製品の特性上、一般消費者と異なり粉飾決算があったからといってにわかにオリンパス製品の購入をためらう可能性は低いのです。ましてや**オリンパスは世界シェア7割なので、他社製品にきりかえることも容易ではなく**、結果として消化器内視鏡に代表される医療事業は粉飾決算の混乱の影響をほとんど受けることはありませんでした。

ソニーの500億円出資で債務超過寸前の危機を回避

もう一つ、ソニーが苦境にあったオリンパスに500億円もの出資を行った理由は何でしょうか？　一般に、当時のオリンパスのような不祥事で大混乱ただ中の会社に好んで出資する企業は存在しません。しかも出資元のソニー自身が当時はエレクトロニクス事業の立て直しに苦慮している時期だったにもかかわらず、なぜソニーは500億円もの出資を行ったのでしょうか？

ソニーの出資などによって、2012年3月期末に4・6％（同年6月には2・2％）という債務超過寸前の危機的水準にまで落ち込んだ自己資本比率が1年後には15・5％まで回復したことは先にも述べました。**ソニーの出資の狙いはオリンパスの医療事業でした。**

ソニーはメディカル事業を中長期的な成長領域として位置づけていますが、この分野で強い競争力をもつオリンパスのノウハウを活用して、早くこのメディカル事業で成果を出すために500億円の出資を行ったのです。

オリンパスに出資したのは最終的にソニーになりましたが、交渉が決着するまではソニー以外にもテルモ、パナソニック、富士フイルムＨＤなど多くの企業がオリンパスの内視鏡事業に魅力を感じて、資本業務提携などの提案が行われました。

オリンパスとしてはアプローチしてくる多くの企業からいわば「引く手あまた」の中で、相対的に有利な条件（経営の自主性確保など）で折り合えるパートナーとして最終的にソニーとの合意に達したものと考えられます。なお、２０１５年４月にソニーはオリンパス株の半分を売却したため、現在の持ち株比率は５％です。

ここでもう一度、内視鏡を中心とする医療事業がオリンパスの粉飾危機の際にどのような役割を果たしたかをまとめます。まず、損益計算書の面では危機の際にもほとんど影響を受けずに高い収益性を維持し続けて全社収益を支えました。

次に、バランスシートの面では、内視鏡事業目当てに多くの会社から提案された資本業務提携の申し出の中から、比較的有利な条件でソニーの５００億円の出資を呼び込み、債務超過寸前まで低くなった自己資本比率を大きく向上させました。**粉飾決算による会社の危機を救ったのは内視鏡を柱とする医療事業だったのです。**

この章のポイント

2章でとりあげた中堅企業クラスの上場企業、アーバン、江守グループ両社の粉飾・破綻の事例では、増収増益を装いながらも、それが架空だった場合の不自然さはバランスシート、キャッシュフロー計算書と照らし合わせると、外部者からも容易に見分けがつくことを説明しました。

ところがこの章でとりあげた東芝、オリンパスのような大企業の粉飾では以下の理由から、事前に投資家など外部の利害関係者が粉飾の実態をつかむのはかなり困難です。

①粉飾手口が複数ある（東芝）、特殊な粉飾手口を用いている（オリンパス）

②多くの部門が関与している（東芝）

ただし、東芝、オリンパスの事例では粉飾前と訂正後の決算書の比較分析を通して、粉飾前の決算書から不自然な点を発見できた可能性を指摘する研究もあります（「文庫版へのまえがき」にある参考文献参照）。

では粉飾決算を行わない企業を事前に見分けることができるかというとそれも極めて困難です。２０１５年のコーポレートガバナンス・コード制定に代表されるように、不正行為を起こさないことも目的にしたコーポレートガバナンスの強化の必要性が叫ばれており、社外取締役の役割などが期待されていますが、現場レベルで行われる不正行為がチェックできるかは別の問題です。

投資家など外部の利害関係者としてできることは、不正が発覚した際にはどれくらいの損失が予想されるのか、それが現時点の自己資本や現金残高に対してどの程度の大きさになりそうか（大きければ経営が揺らぐ可能性、小さければそれほどの打撃にならない）を予測して、次の行動（保有株を売却するかどうか等）を決めることです。

■破綻前に「注記」がつく理由

一般に企業は将来にわたってずっと事業活動を続けていくものと考えられています。これを「継続企業の前提」、英語でゴーイングコンサーン（going concern）といいます。

ところが経営不振など、様々な理由により破綻ないしそれに近い状況に追い込まれる企業も少なくありません。2000年前後に相次いだ企業の破綻などを受け、2003年3月期から経営者と監査人（公認会計士・監査法人）が継続企業の前提に関して検討を行うことが義務づけられました。

「継続企業の前提」に重要な疑義がある場合であって、対応策がとられてもなお「継続企業の前提」に関する重要な不確実性があるときは、財務諸表において「継続企業の前提に関する注記」が求められることになっています。

序章のレナウン、1章の日本航空とスカイマーク、2章の江守グループの事例ではいずれも破綻前に「注記」がつきました。

レナウンでは2020年2月25日に発表された前期の決算短信に「注記」が記載され、3カ月後の5月15日に民事再生手続き開始、破綻しました。

日本航空では2009年11月13日に発表された第2四半期の決算短信にこの「注記」が記載され、同社はその2カ月後、2010年1月19日に会社更生法を申請して破綻しました。

しかし後に、同社の破綻原因を探った調査委員会による「調査報告書」(2010年8月26日)では、その前の2009年3月期決算、また翌期の第1四半期決算(2009年8月7日発表)についても、業績の悪化は顕著で継続企業の前提の疑義に該当する可能性があったにもかかわらず、なんら開示がなかったことについて「いささか疑問が残る」と批判しています。

スカイマークでは2014年7月31日に発表された第1四半期の決算短信にこの「注記」が記載され、同社はその半年後、2015年1月28日に民事再生法を申請して破綻しました。

同様に2章でとりあげた江守グループでも2015年3月16日に発表された第3四半期の決算短信にこの「注記」が記載され、同社はその1カ月半後の4月30日に民事再生法の適用を申請して破綻しました。

■継続企業の前提が崩れるとき

「注記」まで至らない場合であっても、継続企業の前提に重要な疑義を生じさせるような場合には、有価証券報告書の「事業等のリスク」「財政状態、経営成績及びキャッシュ・フローの状況の分析」にその旨、内容などを開示することが求められています。

日本公認会計士協会では、「継続企業の前提に重要な疑義を生じさせるような事象又は状況」の例として以下をあげています（太字は筆者）。

〈財務指標関係〉

・売上高の著しい減少

・継続的な営業損失の発生又は**営業キャッシュ・フローのマイナス**

・重要な営業損失、経常損失又は当期純損失の計上
・**重要なマイナスの営業キャッシュ・フローの計上**
・債務超過

〈財務活動関係〉

・営業債務の返済の困難性
・借入金の返済条項の不履行又は履行の困難性
・社債等の償還の困難性
・新たな資金調達の困難性
・債務免除の要請
・売却を予定している重要な資産の処分の困難性
・配当優先株式に対する配当の遅延又は中止

〈営業活動関係〉

・主要な仕入先からの与信又は取引継続の拒絶

・重要な市場又は得意先の喪失
・事業活動に不可欠な重要な権利の失効
・事業活動に不可欠な人材の流出
・事業活動に不可欠な重要な資産の毀損、喪失又は処分
・法令に基づく重要な事業の制約

〈その他〉
・巨額な損害賠償金の負担の可能性
・ブランド・イメージの著しい悪化

これらはいずれもまさに、企業の「ヤバい」状況を示しています。

ここで注目したいのは〈財務指標関係〉で、各段階での赤字（損失）とならんで**営業キャッシュフローのマイナスを二度もあげていることです。営業キャッシュフローがマイナスであることの重要性がわかります。**

有価証券報告書の「事業等のリスク」

次いで有価証券報告書の「事業等のリスク」について確認します。これは企業の経営者が認識しているリスクを投資家に知らせることを目的に2005年3月期以降の有価証券報告書で記載することが義務づけられたもので、有価証券報告書の標準記載項目、第2「事業の概況」の中の4「事業等のリスク」として記載されています。「事業等のリスク」を見ると、その会社の経営者が社外の環境要因、あるいは社内要因のどのようなことをリスクとして認識しているかを第三者も理解することができます。

金融庁「企業内容等開示ガイドライン」（2016年8月）では「事業等のリスク」の記載例として以下の11項目があげられ、各々の文例まで示されています。

1. 会社グループがとっている特異な経営方針に係るもの
2. 財政状態、経営成績及びキャッシュフローの状況の異常な変動に係るもの

3. 特定の取引先等で取引の継続性が不安定であるものへの高い依存度に係るもの
4. 特定の製品、技術等で将来性が不明確であるものへの高い依存度に係るもの
5. 特有の商慣行に基づく取引に関する損害に係るもの
6. 新製品及び新技術に係る長い企業文化及び商品化期間に係るもの
7. 特有の法的規制等に係るもの
8. 重要な訴訟事件等の発生に係るもの
9. 役員、従業員、大株主、関係会社等に関する重要事項に係るもの
10. 会社と役員または議決権の過半数を実質的に所有している株主との間の重要な取引関係に係るもの
11. 将来に関する事項について

これらはあくまで記載例であり、実際に記載される内容の濃淡や範囲については各会社に任されているため参考情報の域を出ないという見方もありますが、そ

れでも投資先、取引先企業などのリスクを認識するのに役立つ情報であることは間違いないので、気になる企業についてはこの「事業等のリスク」に目を通しておくことが必要です。

この記載ルールは2005年3月期から義務づけられましたが、10年あまりを経て、同じ会社でも記載内容は質・量ともに大きく充実してきています。

5章

企業のリスク、ここで読み解く！

ソフトバンク vs. サントリー
フォルクスワーゲン vs. 三菱自動車

リスク

序章から4章まで経営不振、破綻、粉飾、減損など様々な「ヤバい決算書」の事例を見てきましたが、企業を取り巻くリスクは他にも様々なものがあります。

5章では1兆円を超える海外巨額買収の事例としてソフトバンクとサントリー、また企業の不正行為による不祥事の事例としてフォルクスワーゲンと三菱自動車をとりあげます。

ソフトバンクとサントリーは海外巨額買収の事例なので、それだけで「ヤバい」状態になっているわけではありませんが、巨額買収に伴いどのようなリスクが生じるかを確認ください。

フォルクスワーゲンと三菱自動車は各々排ガス不正、燃費不正という不祥事で大きなニュースになりました。不正の代償が決算書上でどれほどのものになっているかをご覧ください。

2014年1月14日付　日本経済新聞

サントリー、米首位を買収

ウイスキー「ジムビーム」 蒸留酒 世界3位に

1兆6500億円

2015年9月25日付　日本経済新聞

VW不正、米拡販が端緒か

巨大市場不振で焦り

13年から「一人負け」

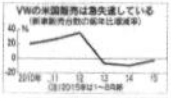

米大学の試験で発覚

基準超え検出、当局に通報

2016年4月21日付　日本経済新聞

三菱自 燃費不正62万台

軽4車種、意図的に

日産にも供給

経営責任は不可避

燃費不正について謝罪する三菱自の相川社長（20日、国交省）

不正対象車は生産・販売を中止

三菱自が2013年6月から生産	
eKワゴン	計15万7000台
eKスペース	

三菱自が生産し日産が販売	
デイズ	計46万8000台
デイズルークス	

日産が不正を指摘。海外市場向けも調査

2016年7月19日付　日本経済新聞

ソフトバンク巨額買収

英社を3.3兆円 IoTで成長

携帯やAI 融合に活路

M&Aで新領域に進出してきた	
1996年	米ヤフーとの合弁で日本ヤフーを設立。インターネット事業に本格進出する
98年	東証1部に上場
2000年	中国のネット通販最大手アリババ集団に出資
01年	ヤフーBBでブロードバンドに価格破壊を仕掛ける
06年	英ボーダフォンから日本法人を1.75兆円で買収し、携帯事業に進出
08年	米アップルのｉＰｈｏｎｅを日本で独占販売
13年	216億ドル（約1.8兆円、当時）で米スプリントを買収し、米国で携帯電話事業に参入
16年	アリババ株の一部売却
	「後継者」アローラ氏が[illegible]任

ソフトバンク vs. サントリー

1兆円超の巨額海外買収のリスク

携帯事業はまだ10年あまり

ソフトバンクグループ（2015年7月よりソフトバンクから社名変更、以下ソフトバンク）は、今ではNTTドコモ、KDDI（auブランド）とならぶ携帯キャリアとして認識されています。同社は1981年設立の際にはパソコン用ソフトの流通事業、翌1982年には出版事業からスタートして、1996年には米ヤフーとの合弁でヤフー（日本法人）を設立。2000年代に左表のような経緯をたどり、ほぼ現在の事業の骨格ができました。

なおヤフー（日本法人）は一貫してソフトバンクの連結子会社です。ヤフーは

ソフトバンク　2000年代の主な出来事

2001年	Yahoo! BBで高速インターネットサービス開始
2004年	日本テレコムを子会社化、固定通信事業に参入
2006年	英ボーダフォンから日本法人を1.75兆円で買収、携帯電話事業に参入
2008年	iPhoneを日本で独占販売開始（KDDIは2011年、ドコモは2013年より）

２０１５年にアスクルを子会社化しています。

これまでの歴史の中でも特筆されるのは２００６年、英ボーダフォン日本法人買収による携帯電話事業への参入でした。今ではソフトバンクと聞けば誰でも携帯事業を思い出しますが、同社の携帯事業の歴史はまだ10年あまりに過ぎないのです。

携帯事業に参入したソフトバンクはユニークなＣＭ、割安な料金プラン、ｉＰｈｏｎｅの国内独占販売（２００８～２０１１年）などによってシェアを伸ばしてきましたが、契約者数は国内４０００万あまりでドコモ、ＫＤＤＩに次ぐ三番手が定位置になっていました。

こうした中でソフトバンクは２０１２～２０１３年、２０１６年と**立て続けにケタ外れの巨額の海外M&Aを行って大きなニュースとなりました。**

2012年には米携帯電話業界で当時3位のスプリント・ネクステル（以下スプリント）を約200億ドル（1兆5600億円）※で買収（実行は2013年）、2016年には英国の半導体設計大手アームHD（以下アーム）を240億ポンド（3・3兆円）で買収と、立て続けに巨額のM&Aを行いました。

わずか数年おきに兆円単位の巨額買収を繰り返す日本企業は他には見られません。

近年、外国企業を買収する日本企業は増えていますが、①その規模の大きさ、②対象の事業選定という両面から見ても、ソフトバンクのM&Aは多くの日本企業の行動パターンとは大きく異なります。特に、米スプリントは携帯電話会社という同業なのでまだ理解しやすいですが、アームは半導体設計でこれまでの事業領域とは異なるからです。

巨額買収を次々に繰り返すソフトバンクの財務データはどのように変わってきているのか、そもそもこれだけの巨額の買収資金をどうやって集めることができ、それは決算書にどのように反映されているのか。

それをスプリント買収実行前の2013年3月期以降の決算書の変化から明らかにしていきます。

※注　当時のレートで換算、以下同様

世界最大級のモバイルインターネット企業を目指し、スプリント買収

ソフトバンクによるスプリント買収は２０１２年10月15日に発表されました。買収額は約２００億ドル（１兆５６００億円）。２０１３年７月に78％の株式を保有して買収・子会社化が行われたので、スプリント買収によるソフトバンク連結業績への影響は２０１４年３月期決算から反映されます。

２０１４年３月期決算短信では、スプリント買収の目的は次のように説明されています。

１．本取引により、当社は、世界最大級の「モバイルインターネットカンパニー」としての事業基盤を確立することができます。両社を合計した顧客基盤は日米市場で最大級になります。

※筆者注　2013年3月末時点で国内契約数4188万件+スプリント5522万件で9710万件

2. 当社のスマートフォンおよび次世代モバイルネットワークに関する知見や既存の大手が存在する成熟した市場において競合してきた経験を、米国市場におけるスプリントの競争力強化に活用することが可能になります。

3. スプリントは、モバイルネットワークの強化、戦略的投資の実行、バランスシートの改善などに投じ、今後の成長のための経営基盤の強化を進めていくための資金として50億米ドルを調達することができます。

2014年3月期には「ドコモ超え」達成

スプリント買収が反映されたソフトバンクの2014年3月期決算は前期から数字が激変しました。

損益計算書では売上は3・2兆円から6・6兆円へと2倍以上に増加し、営業利益も8000億円弱から1兆円の大台に達し、純利益も40%増の5200億円を記録しました。2014年3月末の契約者数は1億82万件と1億件を超えました。

これによりソフトバンクの主要指標は長らく業界のガリバーだったドコモを抜き去ることになりました（ドコモの2014年3月期は売上4兆4612億円、営業利益8119億円、純利益4647億円、期末契約者数6311万件）。

なお買収したスプリントの損益計算書への反映は2013年7月11日から行われているので、2014年3月期へのスプリント業績の反映は9カ月弱です。

セグメント別に見るとスプリントの業績が通期で反映された2015年3月期以降はスプリントの売上が国内通信（ソフトバンク、Y！モバイル）を上回っていることが注目されます。つまり米国スプリント事業の方が、国内携帯事業より大きくなっているのが今のソフトバンク連結の姿です。

大型買収が行われると、売上は合算されるので大きくなるのが当然ですが、それ以上に**バランスシート、キャッシュフロー計算書に大きな変化が表れることが重要**です。

図表Aに示されているように、総資産は7・2兆円から16・6兆円へと2倍以上に膨れ上がりました。9兆円以上も増えた要因は、バランスシート右（負債・資本）側では有利子負債が3・7兆円から9・1兆円へと5・4兆円も増えたのが最大の要因

スプリント買収で大勝負

アーム買収で大勝負

〈図表A〉ソフトバンクグループ 連結業績　単位：100万円、%

	2013年3月期	2014年3月期	2015年3月期	2016年3月期	2017年3月期 第3四半期 (2016年12月末)
売上	3,202,536	6,666,651	8,504,135	9,153,549	6,581,466
営業利益	799,399	1,077,044	918,720	999,488	949,660
営業利益率	25.0%	16.2%	10.8%	10.9%	14.4%
当期純利益	372,481	520,250	668,361	474,172	857,431

損益計算書は9カ月間

	2013年3月期	2014年3月期	2015年3月期	2016年3月期	2017年3月期 第3四半期 (2016年12月末)
総資産	7,218,172	16,690,127	21,034,169	20,707,192	24,867,038
有形固定資産	1,830,615	3,586,327	4,317,448	4,183,507	4,086,655
のれん	924,972	1,539,607	1,663,363	1,609,789	4,858,998
無形資産	528,683	6,177,701	6,903,582	6,439,145	6,473,924
有利子負債	3,707,853	9,170,053	11,607,244	11,922,431	14,915,765
自己資本	1,612,756	1,930,441	2,846,306	2,613,613	3,096,622
負債資本倍率(有利子負債/自己資本)(倍)	2.3	4.8	4.1	4.6	4.8
自己資本比率	22.3%	11.6%	13.5%	12.6%	12.5%

バランスシートは12月末

	2013年3月期	2014年3月期	2015年3月期	2016年3月期	2017年3月期 第3四半期 (2016年12月末)
ROE(当期純利益/自己資本)	23.1%	26.9%	23.5%	18.1%	—

	2013年3月期	2014年3月期	2015年3月期	2016年3月期	2017年3月期 第3四半期 (2016年12月末)
営業キャッシュフロー	813,025	860,245	1,155,174	940,186	1,129,516
投資キャッシュフロー	▲874,144	▲2,718,188	▲1,667,271	▲1,651,682	▲3,382,676
財務キャッシュフロー	471,477	2,359,375	1,719,923	43,270	2,210,330
現金残高	1,439,057	1,963,490	3,258,653	2,569,607	2,498,745

CFは9カ月間

総資産が2倍以上に大きく増加。大幅に増やした借金で、スプリントののれん・無形資産を買った

さらに借金を増やしてアーム買収でのれん追加3兆円計上(1.6兆→4.8兆)

スプリント買収で財務安全性を示す負債資本倍率や自己資本比率は悪化

事業セグメント別　単位：100万円、%

国内通信＝国内ソフトバンク、Y!モバイル通信事業

	2013年3月期	2014年3月期	2015年3月期	2016年3月期	2017年3月期 第3四半期 (2016年12月末)
売上	2,768,744	3,584,815	2,985,644	3,106,855	2,375,500
営業利益	631,352	717,562	640,498	688,389	651,484
営業利益率	22.8%	20.0%	21.5%	22.2%	27.4%

スプリント＝米スプリント通信事業

	2013年3月期	2014年3月期	2015年3月期	2016年3月期	2017年3月期 第3四半期 (2016年12月末)
売上		2,600,743	3,594,167	3,688,498	2,548,215
営業利益		▲1,216	66,859	61,485	145,186
営業利益率		▲0.0%	1.9%	1.7%	5.7%

ヤフー＝ヤフー、アスクル(2015年8月からヤフーの子会社)

	2013年3月期	2014年3月期	2015年3月期	2016年3月期	2017年3月期 第3四半期 (2016年12月末)
売上	353,481	396,554	420,385	642,880	622,039
営業利益	180,720	188,949	193,529	222,787	150,544
営業利益率	51.1%	47.6%	46.0%	34.7%	24.2%

流通＝国内でのソフトウェア・機器販売、海外での携帯端末の流通

	2013年3月期	2014年3月期	2015年3月期	2016年3月期	2017年3月期 第3四半期 (2016年12月末)
売上			1,170,437	1,345,856	890,168
営業利益			4,952	▲1,284	19,108
営業利益率			0.4%	▲0.1%	2.1%

アーム＝英アーム半導体事業

	2013年3月期	2014年3月期	2015年3月期	2016年3月期	2017年3月期 第3四半期 (2016年12月末)
売上					68,854
営業利益					30,254
営業利益率					43.9%

セグメント損益は9カ月間

スプリントを買収した2014年3月期は、財務CF大幅なプラス(巨額借り入れ)により、投資CF大幅なマイナス(買収の実行)

アームを買収した2016年12月期も、財務CF大幅なプラス(巨額借り入れ)により、投資CF大幅なマイナス(買収の実行)

コンスタントに利益・キャッシュを稼ぐ国内ソフトバンク事業が、連続の巨額買収を可能にしている

出所)ソフトバンクグループIR資料より作成、コメントは筆者
注)会計基準はIFRS

です。また、左（資産）側では有形固定資産が1・8兆円から3・5兆円に倍増、のれんと無形資産の合計が1・4兆円から7・7兆円へと6兆円以上も増えたことによります（図表A、B）。

つまり、スプリント買収のために巨額の借金を増やし、それでスプリントの通信設備等や無形資産（米当局から付与される周波数ライセンスや商標権など）を購入したことがわかります。

キャッシュフローでも、この2年間は営業キャッシュフローは8000億円台のプラス（キャッシュイン）でさほど変わらないのに対して、投資キャッシュフローが8700億円のマイナス（キャッシュアウト）から2・7兆円ものマイナス（キャッシュアウト）に、また財務キャッシュフローは4700億円のプラス（キャッシュイン）から2・4兆円ものプラス（キャッシュイン）に大きく変動しています（図表A、C）。

この意味することとは、巨額の借り入れを行って（財務キャッシュフローのプラス）、その金額をスプリントの買収にあてた（投資キャッシュフローのマイナス）というもので、**巨額買収を行った企業に典型的に見られるキャッシュフローのパターン**

が出ています。

なおスプリントはソフトバンクに買収される前から赤字基調でしたが、買収後も業績は低迷しており（営業利益率は2016年3月期まで1％台）、米国市場での総契約数順位も2015年4～6月期に3位から4位に後退。ソフトバンクによる経営再建は手こずっており、売却も噂されています。

投資会社への色彩を強めるソフトバンク

なぜ、半導体設計大手を買収したのか

そうした中、2016年7月18日、ソフトバンクは英国の半導体設計大手アームを約240億ポンド（3兆3000億円強）で買収することを発表しました。

これまでボーダフォン買収による携帯事業参入、スプリント買収による米国市場参入と巨額買収を繰り返してきたソフトバンクですが、このアーム買収のニュースは過

去2回以上に驚きをもって受け止められました。その理由は次の2点です。

①買収額3・3兆円はこれまでの2回の買収額（1兆円台）を大きく上回り、日本企業による海外M&Aでは最大の金額であること

②アームの事業は半導体設計であり、携帯電話などこれまでのソフトバンクの主力事業との関係（相乗効果の見込みなど）が見えづらいこと

2016年7月20日の日本経済新聞朝刊で、孫社長はアーム買収の目的について次のように説明しています。

「これまでパラダイムシフト（規範や価値観の転換）の入り口で大きな投資をしてきた。今回はあらゆるものがインターネットにつながるIoTへのパラダイムシフトの入り口だ。アームはそこで最もメリットを得る会社だ。同社はそこで圧倒的な市場シェアをもち、ほかに置き換わるような会社はなかった」

「（ソフトバンクは）ネット社会の根源を握る圧倒的な世界1位になりたい」

「アームはソフトバンクのコア中のコアになる」

アームがソフトバンクの事業の中でどのように位置づけられるかは今後の推移を見ないとわかりませんが、はっきりしているのは**アーム買収によってソフトバンクの決算書がまた大きく変わったことです。**

2016年9月5日にアームの買収が完了したため、2017年3月期第3四半期（2016年12月末時点）決算には、バランスシート、キャッシュフロー計算書にはアーム買収による数字の変化がはっきり見てとれます（損益計算書では9月6日から12月31日までの期間のみ反映）。

巨額の減損リスクも

総資産は2016年3月末から12月末までの9カ月間に20・7兆円から24・8兆円へと4兆円あまり増加しました。

資産ではのれんが1・6兆円から4・8兆円に大きく増えていますが、この増分はアームののれん3兆円強を計上したためです。

〈図表B〉ソフトバンク　スプリント、アーム買収前後のバランスシート変化

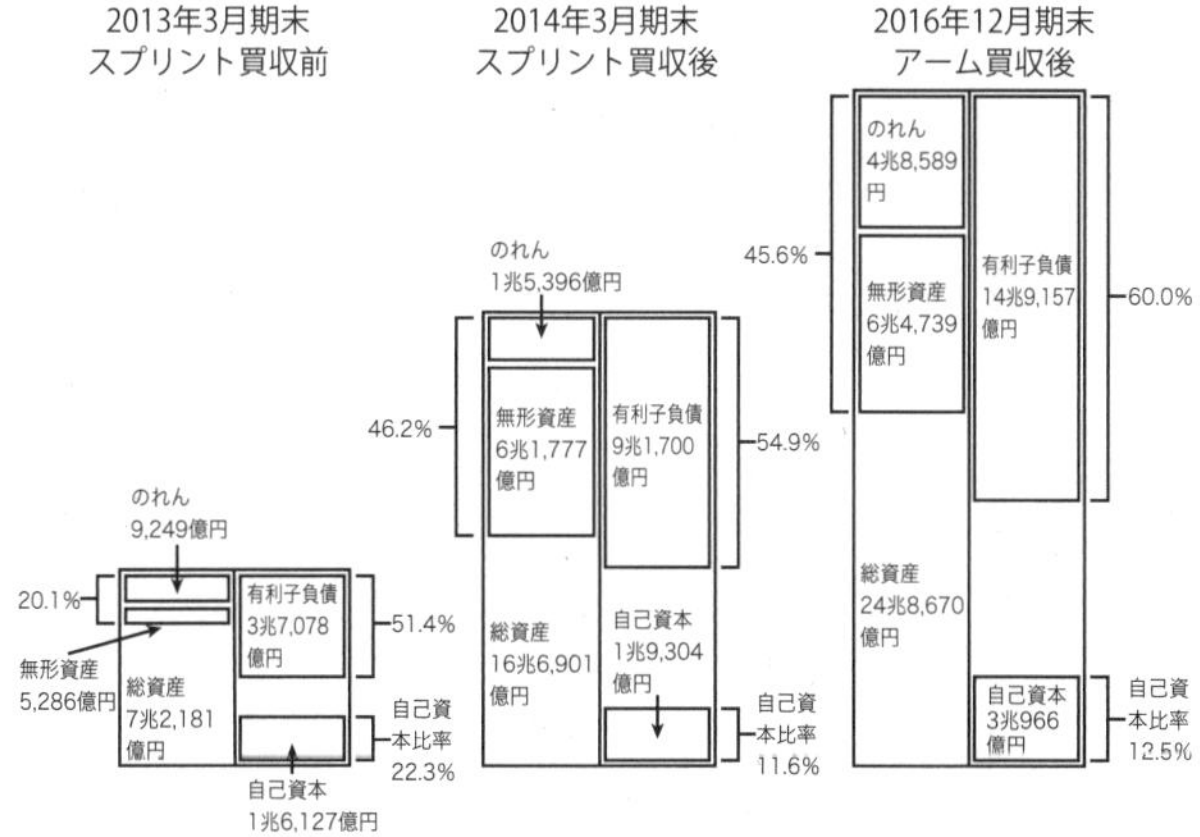

のれん4・8兆円は総資産の約20％にも達します。ソフトバンクは会計基準にIFRSを採用しているので、日本基準と異なりのれんの定期償却は行われません。

そのため今後アーム（のれん3・3兆円）、スプリント（3400億円）の業績が思わしくない場合には**減損が発生するリスクがあります。特にアームののれん（3・3兆円）はスプリント（3400億円）の10倍もの大きさをもつので要注目**です。

もし、アームで今後巨額の減損が発生すれば、自己資本（比率）が3兆円（12・5％）のソフトバンクにとっては

〈図表C〉ソフトバンク　スプリント、アーム買収前後のキャッシュフロー変化

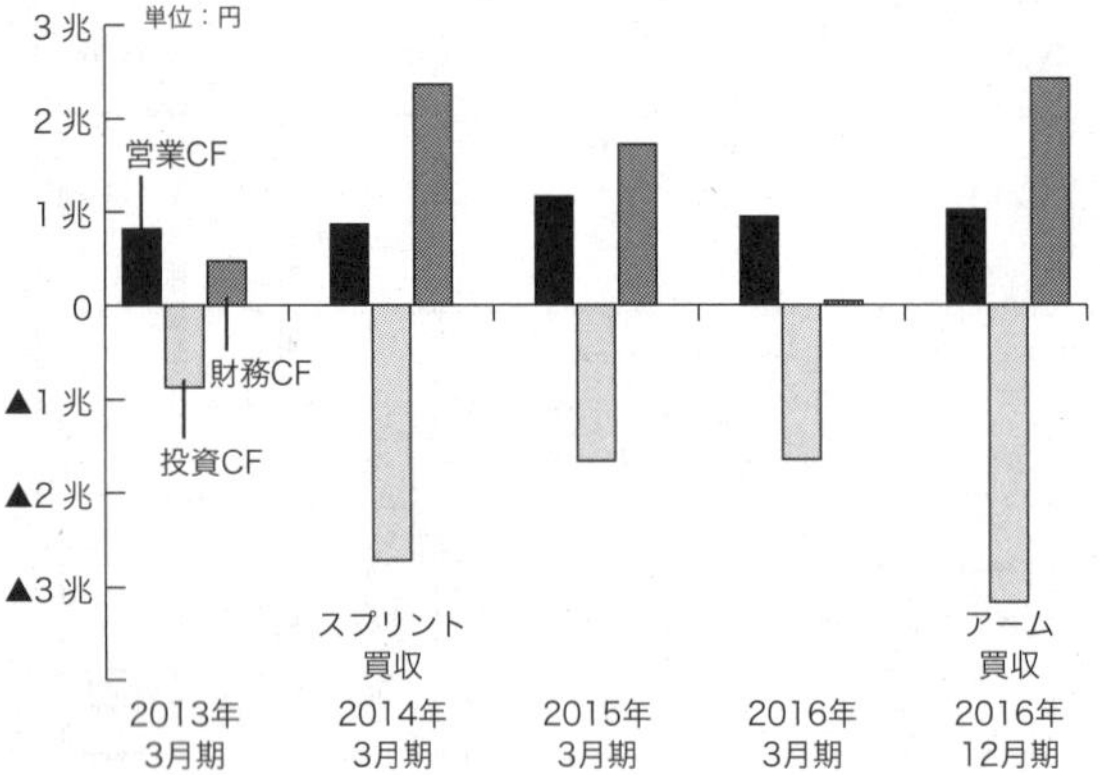

大きな影響が出ます。

負債では有利子負債が11・9兆円から14・9兆円へと3兆円増加しています。スプリント買収時と同じように、バランスシートの左右ともさらに大きくなったことがわかります（図表B）。

同様にキャッシュフロー計算書（2016年4月から12月までの9カ月間）も、スプリントを買収した2014年3月期とまったく同じパターンが表れています。

すなわち財務キャッシュフローが大幅なプラス（2・2兆円の巨額借り入れ）により、投資キャッシュフローの大幅なマイナス（3・3兆円の買収の実行）と

いう巨額買収を行うときに必ず生じるパターンがまた再現されました。

買収前（2013年3月期）、スプリント買収後（2014年3月期）、アーム買収後（2016年12月期）の3時点バランスシートとキャッシュフロー計算書の変化をグラフにすると巨額買収の前後の変化が視覚的にわかりやすくなります（図表B、C）。

国内事業は「金のなる木」

そもそもソフトバンクがスプリント、アームとこれだけの巨額買収を続けて実現できるのはなぜでしょうか？

ここで本業である国内通信事業セグメントの業績（売上、営業利益）を確認ください（図表A）。ほぼ毎年売上3兆円、営業利益6000億～7000億円程度をコンスタントにあげています。

営業キャッシュフローも毎年ほぼコンスタントに1兆円程度があがってきていますが、この大半は国内ソフトバンク携帯事業から、一部はヤフー事業からあがっているものと推測されます（スプリントの利益貢献は低水準なのでキャッシュ貢献はほとんどないと思われる)。

このように、ソフトバンクにとって国内ソフトバンク携帯電話事業は、まさに「金のなる木」であり、国内で安定的・高水準に稼ぐキャッシュと、それを見こした銀行からの融資によって、連続的な巨額買収が可能になっているのです。

アーム買収後も、ソフトバンクをめぐるニュースは終わりません。

2016年10月には、サウジアラビアの政府系ファンドと総額1000億ドル(約11兆円)のファンドを設立することを発表しました。ソフトバンクはこのファンドに5年間で少なくとも250億ドルを出資するとしています。このファンドはソフトバンクの連結決算に反映されるとしており、そうなればまた同社のバランスシート、キャッシュフロー計算書に大きな変化を与えます。

2016年12月6日には孫正義社長が米トランプ次期大統領(就任は2017年1月20日)と会談し、米国で500億ドルをIT分野に投資し、5万人の雇用を生み出すと約束したことでソフトバンクは「トランプ銘柄」と位置づけられるようになりました。

ソフトバンクのキャッシュフロー計算書はこれまでも巨額買収によって投資キャッ

シュフローのマイナス（キャッシュアウト）が継続的に高水準が続いているのが特徴です。今後のサウジアラビアや米国での投資がどのようなものになるかまだ見えていませんが、今後も投資キャッシュフローの高水準でのマイナス（キャッシュアウト）は続きそうです。

ソフトバンクはこれまでの携帯電話事業を本業とする会社から、投資会社という色彩を強めていくように見えます。

サントリー、世界の蒸留酒ランキング3位に

サントリーとキリン、アサヒの事業構成の違い

サントリーはソフトドリンク、ウイスキー・ビール・ワインなどの酒類事業を手がける誰もが知る企業ですが、ここでとりあげる持ち株会社サントリーＨＤ※（以下サントリー）は上場していません。

※注　サントリーＨＤ傘下の子会社でソフトドリンクを国内外に展開するサントリー食品インターナショナルと外食事業を展開するダイナックは上場しています

本書でとりあげる企業の中で、サントリー以外はすべて上場企業（上場廃止になったケース含む）です。一般に上場企業であれば有価証券報告書、四半期ごとの決算短信や決算説明会資料などの財務データや関連情報を誰でも入手することが可能ですが、非上場のサントリーでも分析に必要な財務データを入手することができるのでしょうか。

ここではＥＤＩＮＥＴやサントリーのホームページ上に公開されている毎年の有価証券報告書を用います。一般に非上場企業は有価証券報告書の提出義務はありませんが、同社は非上場企業では珍しく社債の公募を行ったことがあるため、金融商品取引法の規定に基づいて有価証券報告書を提出しています。

この有価証券報告書より、米蒸留酒大手ビームの巨額買収が行われた２０１４年12月期をはさむ3年間の財務データの変化を数字で確認して見ていきます。

ビーム買収による数値の変化を確認する前に、サントリーの事業を概観しておきます。

ビーム買収前の2013年12月期の売上は2兆402億円でした。これは同時期のキリンHD（以下キリン、2兆2545億円）、アサヒグループHD（以下アサヒ、1兆7142億円）とほぼ同水準です。この時の営業利益率は6・2％で、やはりキリン（6・3％）、アサヒ（6・9％）とほぼ同じレベルです。

サントリーがキリン、アサヒと大きく異なるのが事業別売上構成比です。この時点での酒類事業の売上構成比はキリンが71・1％、アサヒが54・0％と過半数なのに対してサントリーは31・1％と低いのが特徴です。

サントリーは売上の54・6％（1兆1142億円）が「飲料・食品」事業（ソフトドリンク等）です。国内で展開する代表的なブランドに「ボス」（缶コーヒー）、「サントリー天然水」、「伊右衛門」（緑茶）、「サントリー烏龍茶」「ペプシコーラ」などがあります。

「酒類」事業は売上の31・1％（6352億円）を占めます。国産ウイスキーでは「響」「山崎」「白州」など、ビール類では「ザ・プレミアム・モルツ」「モルツ」「金

ビーム買収で大勝負

〈図表D〉
サントリーHD　連結業績　単位：100万円、%

	2013年12月期	2014年12月期	2015年12月期
売上	2,040,204	2,455,249	2,686,765
営業利益	126,558	164,753	185,094
営業利益率	6.2%	6.7%	6.9%
当期純利益	195,574	38,363	45,239

総資産	2,374,070	4,536,537	4,606,990
のれん	409,293	1,118,703	1,136,879
商標権	184,942	1,323,906	1,285,478
有利子負債	579,081	2,045,310	2,063,277
自己資本	768,010	882,021	857,672
負債資本倍率（有利子負債／自己資本）（倍）	0.8	2.3	2.4
自己資本比率	32.3%	19.4%	18.6%

ROE（当期純利益／自己資本）	25.5%	4.3%	5.3%

営業キャッシュフロー	166,503	157,686	266,237
投資キャッシュフロー	▲215,493	▲1,473,724	▲207,552
財務キャッシュフロー	232,167	1,077,974	6,527
現金残高	418,630	199,308	257,990

総資産が2倍に大きく増加。増分はビームの無形資産（のれん、商標権）

ビーム買収資金にあてるために有利子負債が3倍以上の2兆円あまりに増加。そのため負債資本倍率や自己資本比率は悪化

ビームを買収した2014年12月期は、財務CF大幅なプラス（1兆円の巨額借り入れ）により、投資CF大幅なマイナス（買収の実行）

事業セグメント別　単位：100万円、%

飲料・食品＝ソフトドリンク、加工食品他

	2013年12月期	2014年12月期	2015年12月期
売上	1,114,275	1,249,280	1,371,384
営業利益	91,330	104,140	110,998
営業利益率	8.2%	8.3%	8.1%

酒類＝ウイスキー、ビール、ワイン他

	2013年12月期	2014年12月期	2015年12月期
売上	635,202	891,497	1,026,134
営業利益	39,212	61,726	78,367
営業利益率	6.2%	6.9%	7.6%

その他＝中国事業、健康食品、アイスクリーム、外食、花他

	2013年12月期	2014年12月期	2015年12月期
売上	290,726	314,471	289,245
営業利益	27,818	30,437	30,320
営業利益率	9.6%	9.7%	10.5%

出所）サントリーHD IR資料より作成、コメントは筆者
注）会計基準は日本基準

麦」などがあり、他にもワインやＲＴＤ（レディー・トゥ・ドリンク）と呼ばれる低アルコールの缶チューハイなどを展開しています。

「その他」事業は全体の14・2％（２９０７億円）の売上があり、ここには中国事業、健康食品、ハーゲンダッツ、サブウェイ、ファーストキッチン、プロントといった外食事業などが含まれます（外食事業ではサブウェイ、ファーストキッチンは子会社でしたが２０１６年の株式売却により現在は子会社ではありません）。

ビーム買収の衝撃

サントリーが米蒸留酒最大手ビームを１６０億ドル（１兆６５００億円）で買収すると発表したのは２０１４年1月13日でした。

ビームは「ジムビーム」「メーカーズマーク」といった世界的に有名なバーボンブランドを抱える他、コニャックやテキーラなど蒸留酒を幅広く展開する米最大手企業で、この買収によってサントリーは世界の蒸留酒ランキング10位から3位に浮上することになりました（1位は「ジョニー・ウォーカー」などの英ディアジオ、２位は「シーバスリーガル」などの仏ペルノ・リカール）。

サントリーは2014年4月にビームの全株式を取得し、ビームは「ビームサントリー」に社名を変更※。2014年内にサントリーのスピリッツ事業（ウイスキー、缶チューハイ、焼酎、リキュールなど）をビームサントリーに統合しています。統合後のビームサントリーの売上高は4600億円とされています。

※注　本書では買収後の「ビームサントリー」も「ビーム」と表記しています

巨額買収は決算書にどう反映されたか

ここからは、買収が行われた2014年12月期をはさむ3年間（2013年12月期～2015年12月期）にわたるサントリーの財務データの変化を見ていきます。図表Dを見てください。

売上は、2013年12月期の2兆402億円から2兆4552億円、2兆6867億円へと増収が続いています。ビームの買収完了は2014年4月末なので、サントリーへの売上には2014年12月期に8カ月分（5～12月）、2015年12月期に1年分が反映されています。

〈図表E〉サントリー　ビーム買収前後のバランスシートの変化

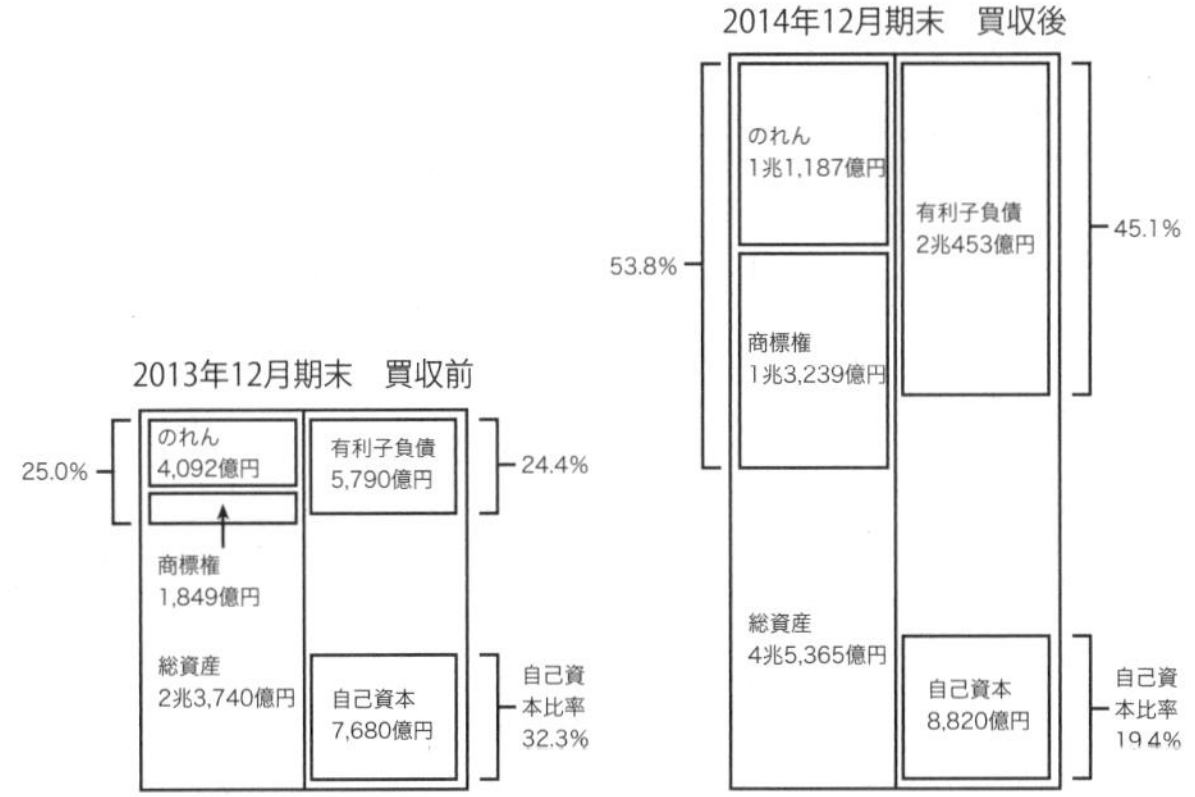

この買収によって２０１４年12月期のビール４社売上ランクではサントリーがキリンを抜いて初めてトップに立ちました（サントリー２兆４５５２億円、キリン２兆１９５７億円。アサヒ１兆７８５４億円、サッポロ５１８７億円）。

バランスシートにも変化は表れています。バランスシートで総資産は２０１３年12月期末の２兆３７４０億円から翌年に４兆５３６５億円へと２兆円近くも増大しました。

バランスシートの大きな変化は、図にしてみると理解しやすくなります。図表Ｅで、どの資産が大きく増えたのかを見ると、バランスシートの左（資産）側はのれん（7000億円増）、商標権（1兆1400億円増）が大きく増加しています。

のれんも商標権も資産項目としては無形固定資産にカウントされます。**サントリーがビーム買収に大金を払ったのは、バーボンなどの物理的な工場よりも、ビームがもつブランド、すなわち無形資産に価値を見出したことを示します。**

この結果、2014年12月期の総資産のうち、**53・8％と過半数の2兆4400億円が無形固定資産になりました。**

貸借対照表の右（負債・資本）側では有利子負債が5790億円から2兆4500億円へと1兆5000億円弱も激増したのが大きな変化です。

要はサントリーはビーム買収によって有利子負債（借金）を1兆5000億円も増加させ（バランスシートの右側）、ビームのブランド（のれん、商標権で1・8兆円増加）を手に入れたことがバランスシートの大きな変化として示されています。

のれんは1兆円を超え、総資産の25％を占めるまでになりましたが、サントリーは日本の会計基準を採用しており、のれんは定期償却されるので、いきなり巨額の減損損失を出すリスクは低いと見込まれます。

なお、ビーム買収によって財務安全性（負債資本倍率、自己資本比率）は大きく悪化したことにも注意が必要です。

巨額買収を行う企業のキャッシュフローの特徴

次に、ビーム買収によってキャッシュフローがどのように変化したかをキャッシュフロー計算書から見ていきます。

一般に通常の企業活動で多く見られるキャッシュフローのパターンは、営業キャッシュフローがプラス（キャッシュイン）で、投資キャッシュフローはマイナス（キャッシュアウト）ですがそのマイナスは営業キャッシュフローのプラス内に収まっています。例えば、営業キャッシュフローが3000億円、投資キャッシュフローがマイナス1500億円といったものです。

ビーム買収前のサントリーの2013年12月期の営業キャッシュフローは1665億円のプラス（キャッシュイン）よりも投資キャッシュフローのマイナス（キャッシュアウト）2154億円が上回るという珍しいパターンです。

これは2013年12月期に比較的大きな投資（設備投資ないしM&Aなど）が行われたことを示します。このときには英国の医薬・飲料事業などを展開するグラクソ・

スミスクライン社から2つの飲料ブランドの商権・製造設備などを2200億円で譲り受けるために同額の投資キャッシュフローのマイナス（キャッシュアウト）が発生しました。

ビームの巨額買収が行われた2014年12月期には、**巨額買収（ないし投資）を行う企業の典型的なキャッシュフローが見てとれます。**

すなわち営業キャッシュフローは1576億円のプラス（キャッシュイン）と大きな変化が見られなかったのに対して、投資キャッシュフローは前年の7倍近い1兆4737億円もの大幅なマイナス（キャッシュアウト）、そして財務キャッシュフローは1兆7779億円の大幅なプラス（キャッシュイン）になりました。これらの数値の大きな変化が意味することは、巨額の借り入れ（1兆円以上の財務キャッシュフローのキャッシュイン）により、ビームを160億ドルで買収（1兆5000億円近い投資キャッシュフローのキャッシュアウト）したことです。

巨額買収を行う企業のキャッシュフローには、必ずこのようなパターンが生じます。翌年2015年12月期にもJT（日本たばこ産業）の自販機事業の買収に1343億円を投じたことを主因に、投資キャッシュフローのマイナスは2075億

〈図表F〉サントリー　ビーム買収前後のキャッシュフロー変化

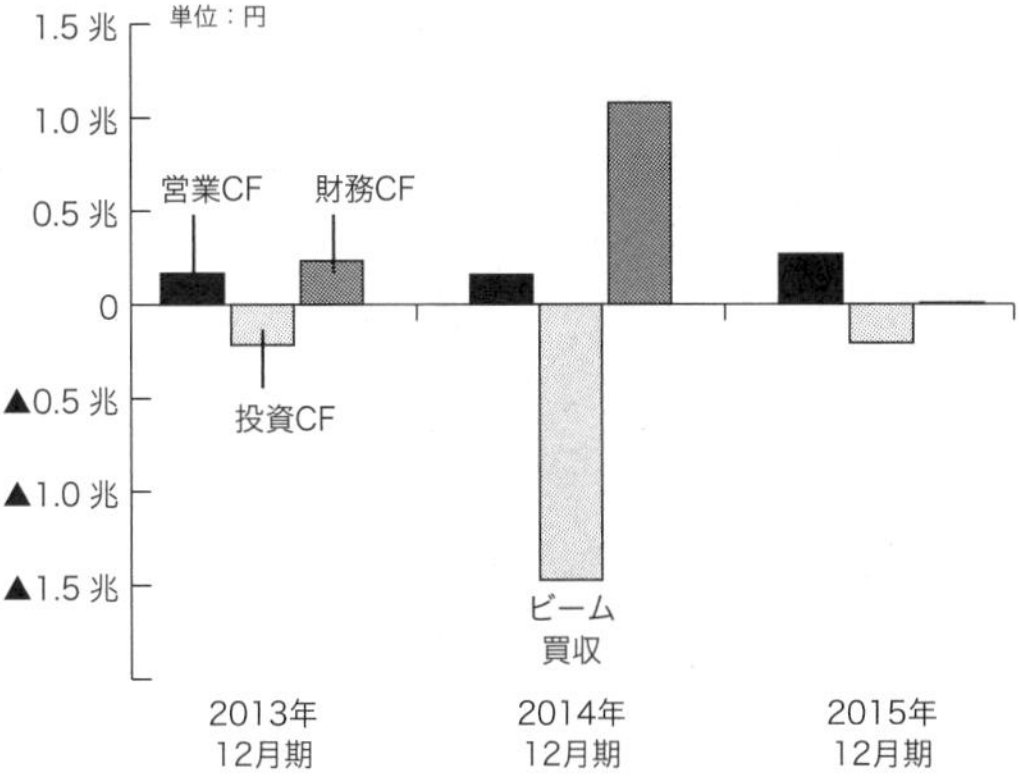

円の高水準ですが、この期は概ね定常的なキャッシュフローの数字に戻ってきています。

この3年間のキャッシュフローの変化を棒グラフで示すと各年の動きがビジュアルにわかりやすくなります（図表F）。

ビームを買収した2014年12月期には巨額の借り入れ（財務キャッシュフローのプラス）をして、ビームを160億ドルもの巨額で買収（投資キャッシュフローのマイナス）を行ったことが、サントリーにとっていかに「大勝負」であったかがわかります。

フォルクスワーゲン vs. 三菱自動車

自動車メーカー、不正の代償は？

企業は、意図的な不正行為によってどれくらいの代償を払うことになるのでしょうか。

不正は決算書にどう反映されたか

2015年9月18日、米当局がフォルクスワーゲンのディーゼル車48万台に排ガス規制を逃れるための不正ソフトが用いられていたことを発表しました。トヨタと世界一の座を争うフォルクスワーゲンに起きたスキャンダルとして世界的に騒ぎは大きくなり、9月23日にはヴィッターコーン社長が辞意表明、発覚後わずか1週間後の9月25日には子会社ポルシェのミュラー社長がフォルクスワーゲン社長に就くトップ交代にまで至りました。

その7カ月後の2016年4月20日、三菱自動車の相川哲郎社長（当時）が緊急会見で、同社の軽自動車62万台（自社ブランドeKワゴンに加え、日産自動車に供給するDAYSの各車種）で燃費を実際よりよく見せる不正が意図的に行われていたことを発表しました。

三菱自動車は過去にもリコール隠しによって経営危機に陥ったことがあるため「今度こそ三菱自動車は危ないのでは？」「三菱グループもさじをなげ、外国企業に売却されるのでは？」などの憶測が広がる中、5月12日には日産自動車が三菱自動車に34％出資して、筆頭株主として三菱自動車の経営再建にあたることが、日産自動車カルロス・ゴーン社長、三菱自動車益子修会長（いずれも当時）の会見で明らかになりました。

両社のケースは排ガス、燃費を実際よりよく見せる偽装行為という点で共通しています。ただし第一報後も対象車種の広がりが逐次発表され、今では偽装の全体像がわかりにくくなっています。

両社とも不正発覚からこれまで一定の時間がたちました。その後の販売状況や財務データにどのような影響が生じているか、今後どのような変化が見込まれるかを決算書の数字で確認することにより、両社が支払う不祥事のコストを明らかにしていきます。

グループ傘下には12ものブランド

現在、世界の自動車業界で年間販売台数1000万台前後を争うトップ3企業は日本のトヨタ自動車、ドイツのフォルクスワーゲン、そして米国のGM（ゼネラル・モーターズ）です。フォルクスワーゲンの名前を知らない人はいないと思いますが、海外企業ということもあって同社の財務データをきっちり見たことがある人はまれかもしれません。

VWグループ※のIR資料（英文）を見ていくと以下の2点がわかります。

※注　ここでは、連結決算で示されるフォルクスワーゲングループ全体（アウディ、ポルシェなど含む）を「VWグループ」、また乗用車ブランドとしてのフォルクスワーゲンを「VW乗用車ブランド」と表記して区別する。また、本文中のユーロは2016年12月の平均レート1ユーロ＝122円で円に換算してカッコで表記している

①ＶＷグループにはＶＷブランドはじめ、12車種ものブランドが傘下にあること

12ブランドは乗用車・スポーツカーで8、商用車で3、二輪車で1から成ります。ここでは、特に連結業績への影響が大きく、日本でもよく知られているブランドとして、ＶＷ乗用車、アウディ、ポルシェの3ブランドをとりあげます。

プレミアムブランドの乗用車アウディや、歴史ある高級スポーツカーの代名詞ポルシェがＶＷグループの傘下に入っている子会社であることは、業界関係者以外には必ずしも広く知られていません。このことが、**今回発生した排ガス不正問題でＶＷグループが意外な耐久力を見せていることの一因**にもなっています。

②セグメント情報の開示レベルが大変充実しているため、セグメント情報に着目すると多くのことを読み解ける企業であること

ＶＷグループでは各ブランド別に販売台数、売上、営業利益まで開示しているため、どのブランドがグループ全体の売上や利益にどれだけ貢献しているのか、またブランドごとの1台あたり単価や営業利益の違いも計算すればすぐにわかります。日本の自動車メーカーで、ここまでブランド別の細かい情報を開示している企業はありま

せん。

セグメントで収益構造の特徴を見抜け

VWグループの収益構造は、ブランド別、地域別のセグメント情報を見ることによってクリアになります。まず、ブランドセグメント情報（図表B）からは、**「VW乗用車ブランドで台数と売上を、アウディとポルシェで利益を稼ぐ」構造**であることがわかります。

VWグループ2016年12月期の販売台数は1039万台、売上は2172億ユーロ（約26・5兆円）という大きなものです。これは、2017年3月期のトヨタ自動車の連結ベースの見込み（2月時点）の各々1015万台、26・5兆円とほぼ同じです。

2015年12月期のVW乗用車ブランドは販売台数が442万台、売上が1062億ユーロ（約13兆円）と、いずれもグループ連結のほぼ半分弱を占めています。VW乗用車ブランドは文字通りVWグループの基幹ブランドです。

ところがVW乗用車ブランドの営業利益率は過去3年間わずか2％程度と低水準か

つ低下傾向にあることに驚かされます。ＶＷ乗用車ブランドが稼ぐ営業利益は毎年20億強ユーロ（２４００億円強）程度で、連結営業利益１２０億～１３０億ユーロ（１・４兆～１・６兆円）のうちＶＷ乗用車ブランドの貢献はわずか2割程度にとどまっています。

アウディはどうでしょうか。アウディの年間販売台数は１４０万～１５０万台程度とＶＷ乗用車ブランドの３割程度ですが、**特筆されるのがその利益貢献の高さです。**アウディの営業利益率はほぼ10％程度をマークしており、営業利益は毎年50億ユーロ（６０００億円）強程度とＶＷ乗用車ブランド（毎年20億ユーロ強程度）を大きく上回っています。

ＶＷグループの利益面での稼ぎ頭は、ＶＷ乗用車ブランドでなくアウディなのです。もう一つの主要ブランド、ポルシェは２０１２年8月からＶＷグループ入りし、２０１３年12月期に初めて通期で業績が連結決算に反映されました。

ポルシェの販売台数は年間20万台程度と少ないものの、圧倒的な高いブランド力を背景に営業利益率は16～18％程度と大変高く、その営業利益30億ユーロ（３６００億円）程度は、２０１４年以降ＶＷ乗用車ブランドの利益を上回ります。**年間４４２万**

排ガス不正発覚、混乱のピーク期

〈図表A〉フォルクスワーゲン　連結業績

		2013年12月期	2014年12月期	2015年12月期	2016年12月期
販売台数(小売)	万台	972.8	1021.7	1001.0	1039.1
売上	100万ユーロ	197,007	202,458	213,392	217,267
営業利益(排ガス不正対策費用控除前)	100万ユーロ	11,671	12,697	12,824	14,623
排ガス不正対策費用	100万ユーロ			▲16,893	▲7,520
営業利益(排ガス不正対策費用控除後)	100万ユーロ			▲4,069	7,103
営業利益率	%	5.9%	6.3%	控除前 6.0% 控除後 ▲1.9%	控除前 6.7% 控除後 3.3%
当期純利益	100万ユーロ	9,066	10,847	▲1,582	5,144

不正対策費用等で2015年赤字転落

2016年には黒字復帰

注）2016年バランスシートは9月末

		2013年12月期	2014年12月期	2015年12月期	2016年12月期
総資産	100万ユーロ	324,333	351,209	381,935	403,890
自己資本	100万ユーロ	87,733	89,991	88,060	90,633
自己資本比率(自己資本／総資産)	%	27.1%	25.6%	23.1%	22.4%
有利子負債	100万ユーロ	121,504	133,980	145,605	151,388
ROE(当期純利益／自己資本)	%	10.3%	12.1%	▲1.8%	5.7%

注）2016年キャッシュフローは1～9月まで

		2013年12月期	2014年12月期	2015年12月期	2016年12月期
営業キャッシュフロー	100万ユーロ	12,595	10,784	13,679	10,379
投資キャッシュフロー	100万ユーロ	▲16,890	▲19,099	▲21,151	▲12,083
財務キャッシュフロー	100万ユーロ	8,973	4,645	9,068	8,107
期末現金	100万ユーロ	22,099	18,634	20,462	26,644

排ガス問題費用増に備え、投資絞り現金手厚く確保

出所)フォルクスワーゲンIR資料より作成、コメントは著者
注)会計基準はIFRS

排ガス不正発覚、
混乱のピーク期

〈図表B〉主要ブランドセグメント別

■VW　乗用車

		2013年12月期	2014年12月期	2015年12月期	2016年12月期 1～9月まで
販売台数(小売)	万台	470.4	458.3	442.4	323.4
売上	100万ユーロ	99,397	99,764	106,240	77,725
営業利益	100万ユーロ	2,894	2,476	2,102	1,244
営業利益率	%	2.9%	2.5%	2.0%	1.6%
1台あたり単価	ユーロ	21,130	21,768	24,014	24,034
1台あたり営業利益	ユーロ	615	540	475	385

VW乗用車はグループ台数、売上の半分近くを占めるが営業利益率1～2%台と低収益

■アウディ

		2013年12月期	2014年12月期	2015年12月期	2016年12月期 1～9月まで
販売台数(小売)	万台	134.9	144.4	152.9	116.6
売上	100万ユーロ	49,880	53,787	58,420	44,017
営業利益	100万ユーロ	5,030	5,150	5,134	3,918
営業利益率	%	10.1%	9.6%	8.8%	8.9%
1台あたり単価	ユーロ	36,976	37,249	38,208	37,750
1台あたり営業利益	ユーロ	3,729	3,566	3,358	3,360

■ポルシェ

		2013年12月期	2014年12月期	2015年12月期	2016年12月期 1～9月まで
販売台数(小売)	万台	15.5	18.7	21.9	17.7
売上	100万ユーロ	14,326	17,205	21,533	16,470
営業利益	100万ユーロ	2,579	2,718	3,404	2,858
営業利益率	%	18.0%	15.8%	15.8%	17.4%
1台あたり単価	ユーロ	92,426	92,005	98,324	93,051
1台あたり営業利益	ユーロ	16,639	*14,535	15,543	16,147

グループ利益の7割を稼ぐアウディ、ポルシェは事件でほとんど影響受けず

出所）フォルクスワーゲンIR資料より作成、コメントは著者
注）会計基準はIFRS

排ガス不正発覚、混乱のピーク期

〈図表C〉地域セグメント別

■欧州・他

		2013年12月期	2014年12月期	2015年12月期	2016年12月期 1～9月まで
販売台数(小売)	万台	420.9	443.0	452.4	345.7
売上	100万ユーロ	117,062	122,858	132,535	102,295
1台あたり単価	ユーロ	27,812	27,733	29,296	29,591

■北米

販売台数(小売)	万台	90.1	87.9	94.1	70.8
売上	100万ユーロ	27,434	27,619	35,384	25,650
1台あたり単価	ユーロ	30,448	31,421	37,603	36,229

■南米

販売台数(小売)	万台	98.7	79.4	54.0	31.2
売上	100万ユーロ	17,495	13,868	10,148	5,808
1台あたり単価	ユーロ	17,725	17,466	18,793	18,615

■アジア・太平洋

販売台数(小売)	万台	363.2	411.4	400.5	317.5
うち中国	万台	303.8	350.6	345.6	280.3
売上	100万ユーロ	35,016	38,113	35,225	26,179
1台あたり単価	ユーロ	9,641	9,264	8,795	8,245

欧州、アジア(中国中心)で世界販売の9割近く

中国中心のアジアは事件でほとんど影響受けず

出所)フォルクスワーゲンIR資料より作成、コメントは著者
注)会計基準はIFRS

台も販売するＶＷ乗用車ブランドの営業利益21億ユーロ（２５００億円）より、年間わずか22万台の販売にすぎないポルシェの営業利益34億ユーロ（４１００億円）が大きく上回るという意外な事実は、このようにブランドセグメント情報を確認して初めて知ることができます。

つまり連結営業利益約１２０億ユーロ（１兆４６００億円）のうち７割程度はアウディ（50億ユーロ＝６１００億円強）とポルシェ（30億ユーロ＝３６００億円強）で稼ぎ、ＶＷ乗用車ブランドは20億ユーロ（２４００億円）程度しか貢献していない、というのがＶＷグループの収益構造です。

ポルシェ１台でＶＷブランド42台と同じ利益

２０１６年１～９月期のデータではポルシェ１台が稼ぎ出す営業利益（１万６１４７ユーロ＝２００万円）はＶＷ乗用車ブランド（３８５ユーロ＝５万円）42台と同じ、またアウディ１台が稼ぎ出す営業利益（３３６０ユーロ＝40万円）はＶＷ乗用車ブランド（３８５ユーロ）９台と同じということになります。

もう一つ別の地域別セグメント情報、すなわち世界のどのエリアでＶＷグループが売上をあげているかも見ていきます（図表C）。

ＶＷグループでは、世界を欧州（２０１５年12月期の販売は４５２万台）、北米（94万台）、南米（54万台）、アジア・太平洋（４０１万台、このうち中国が３４６万台）の４つに分けて数字を開示しています。営業利益は開示していないので、わかるのは売上と販売台数と単価までです。**ＶＷグループは世界販売１００１万台のうち、ホームマーケットである欧州・他とアジア・太平洋で９割近くを販売していることがわかります。**

同じ１０００万台メーカーで世界一を争うトヨタは日本、北米、東南アジアが強いので、両社の得意とするエリアは実はさほど重なっていません。

排ガス不正問題の衝撃

株価はスキャンダルに敏感

VWグループの排ガス不正問題の発覚後の主な経緯は以下の通りです。

不正が発覚したのは2015年9月18日でしたが、このような大きな企業スキャンダルが発生するとまず株価がすぐに反映します。

VWグループの株価は発覚前の162ユーロ（2万円）が発覚直後は92ユーロ（1万1000円）にまで4割以上、時価総額も比例して850億ユーロ（10・4兆円）から480億ユーロ（5・8兆円）にまで急落しました。その後、株価は100ユーロ（1万2000円）強、時価総額600億ユーロ（7・3兆円）強で推移しました。

決算ベースでは2015年10月28日に発表された7～9月期（第3四半期）決算で

早くもこの問題のリコール費用の引当によって、17億ユーロ（2100億円）あまりの赤字転落が報じられました（前年同期は29億ユーロ＝3500億円の黒字）。

続いて、2015年12月期決算の数値がどうなるか注目を集めていましたが、この問題に対する費用引当の対象などをめぐって調整・混乱が長引き、決算発表は当初予定の2016年3月10日から1カ月以上延期され、4月22日にようやく発表されました。

その結果は169億ユーロ（2兆円）の不正対策費用引当金計上によって、営業損失40・6億ユーロ（5000億円）（前年同期127億ユーロ＝1・5兆円の黒字）、純損失15・8億ユーロ（1900億円）（前年同期108億ユーロ＝1・3兆円の黒字）という**同グループ史上最大の赤字転落でした**※。

※注　VWグループは会計基準にIFRSを採用している。日本の会計基準では特別損失に計上するような不正対応費用も、IFRSでは営業費用として計上するので営業利益段階から赤字に転落した

意外に大きな打撃にならず？

このように2015年9月の不正発覚後、VWグループは株価・時価総額の4割もの急落、過去最大の赤字計上、しかもまだ今後の費用負担がどこまで広がるか見通せない状況に陥ったわけですが、2015年12月期の通期決算の時点での排ガス不正問題の財務的インパクトがどれほどのものか見てみましょう。

図表Aのデータを見ると、確かに2015年12月期決算での169億ユーロ（2兆円）の引当による赤字転落という事態には陥りましたが、事件発覚後も総じて、**VWグループ主要ブランドの売れ行きに深刻な影響が出ていることは確認できません。**

図表Bを見てください。ブランド別に見ると、2015年12月期の業績はVW乗用車ブランドが台数（▲3・5％）、営業利益（▲15・1％）ともマイナスになりましたが、**グループの利益を支えるアウディ、ポルシェは台数・売上とも順調で、排ガス不正問題の影響はほとんど見られません。**

もともとVWグループはVW乗用車ブランド、アウディ、ポルシェなどが、同じグループのクルマであることを強調していませんし、アウディやポルシェのユーザーは自分はVWブランドとは別の車に乗っているという意識が強いと思われます。
先のブランドセグメント情報で見たように、**アウディとポルシェで連結営業利益の7割を稼ぐ収益構造のため、排ガス不正問題はグループの経営基盤を揺るがすような事態には至っていないのです。**

また、地域別には全世界約1000万台のうち350万台を販売する最重要市場の中国では多くがガソリン車であり、排ガス不正を起こしたディーゼル車があまりないこともあって、不正問題はほとんど影響を与えていません。

2015年12月期の連結営業赤字転落はまぎれもない事実ですが、VWグループの自己資本は880億ユーロ（約10・7兆円）もの厚みがあります。2015年12月期に**15・8億ユーロ（1900億円）の純損失を出してもそれが一過性の損失である限りは、グループ全体の財務体質を損なうほどのインパクトはもちえません。**

2015年12月期の自己資本は前年より19億ユーロ（2200億円）ほど減少（主因は赤字）してもまだ880億ユーロもの厚みがあります。同じ理由で、自己資本比率も前年の25・6%から23・1%へと下落しましたが、会社を揺るがすようなレベルではありません。

２０１６年には黒字転換し台数世界一に

ここまでは２０１５年12月期決算について説明してきましたが、２０１６年12月期の決算はどうなったでしょうか？

２０１６年になってからも業績は順調です。前年同様、ＶＷ自動車ブランドは前年比で台数、営業利益とも減少傾向が続いていますが、アウディ、ポルシェなど利益を稼ぐブランドは総じて好調です。１～12月まで通年のグループ全体販売台数は１００１万台から１０３９万台へと順調に伸ばしており（特に最も販売台数の多い中国では絶好調）、**数字からは排ガス問題の悪影響はほとんど見えません。**

２０１６年12月期にも問題対策のためさらに75億ユーロ（９０００億円）の引当金が追加計上されましたが、前年同期（１６９億ユーロ＝２兆円）よりは改善されたため、**営業利益段階、純利益段階ともに黒字に再浮上しました。**

このように、企業をブランド別セグメント、地域別セグメントなど多角的な目で見ると、メディアが大きく伝える「不祥事」「赤字」報道から受けるイメージとは異なった姿が見えてきます。

結果、2017年1月に明らかになった2016年通年での販売ランキングでは、VWグループがトヨタをかわして初の販売台数世界一の座についたことが報じられました。**排ガス不正の影響を1年間受けたはずの年にVWグループが世界一になるという、何とも皮肉な結果**になっているのです。

もっとも2017年1月には米当局へ罰金で43億ドル（4000億円）の支払いが伝えられるなど、依然として事件は収束していません。今後の展開によってはこれまでの引当金では対応しきれずさらなる追加的な費用計上を迫られる可能性もあり、このことがVWグループの収益見通しの重しとなっています。

またか、三菱自動車！

リコール隠しで存亡の危機という過去

三菱自動車は2016年4月に燃費不正が明らかになった後、日産自動車からの出資・人的支援を受けて再建途上にありますが、同社の不祥事による混乱は今回が初めてのことではなく、多くの人に「またか、三菱自動車！」という印象を強く与えるものでした。

前回の不祥事は2000年に発覚したリコール隠し事件でした。これによって同社への信頼は地に落ち、2003～2004年ごろに同社はまさに危機的状況に陥りました。

この間、販売は激減、株価は急落し、グループは解体され、当時の筆頭株主ダイムラークライスラーは財政支援を打ち切り、リコール隠しをめぐり法人としての三菱自動車が起訴され、元社長・副社長ら役員が逮捕される……など大混乱が続きました。

大混乱期ピークの決算となった2004年3月期の売上は前年の3兆8848億円から2兆5194億円へと35％も減少しました（三菱ふそうトラック・バスが2003年1月に連結から外れたことが主因）。

営業利益は828億円の黒字から968億円の赤字へ、当期純利益は376億円の黒字から2154億円の大幅赤字に転落（リコール隠しの問題に加え、米国販売金融事業で巨額の貸倒損失を計上）した結果、自己資本比率はわずか1・5％と債務超過寸前の状態にまで追い込まれました。
２００４年３月期の決算説明資料トップページには、次のようなメッセージが書かれています。

お詫びと決意
２００２年1月のふそう大型トラックのタイヤ脱落事故と同年10月のプロペラシャフト脱落事故によるお２人の被害者の方のご冥福をお祈りするとともに、ご遺族の方々に深くお詫び申し上げます。また今般の一連の事態に関し、世間をお騒がせ致しましたことを、お詫び申し上げます。
私ども三菱自動車は、お客様第一、安全第一、品質第一の基本に立ち返り、企業風土を改め、透明性を高め、皆様から信頼される企業として生まれ変わることをお約束いたします。

そして燃費不正発覚後の２０１６年３月期アニュアルレポート（２０１６年６月公開）では益子修会長兼社長（当時）の次のようなメッセージが最初に記載されていま

す。まさに既視感（デジャブ）です。

燃費試験の不正行為について

この度の燃費試験の不正行為について、走行抵抗に恣意的な改ざんが行われていたこと、さらに法令で定められた「惰行法」と異なる走行抵抗の測定方法を使用していたことにより、多くのステークホルダーの皆様にご迷惑・ご心配をお掛けしたことを深くお詫び申し上げます。

三菱自動車は、不正行為の原因を明確にし、再発防止策を講じるとともに、内部統制・ガバナンス・コンプライアンス体制の抜本的な改革を行い、業務執行の適正性・効率性の確保等に向けた改善、充実に努めてまいります。（中略）

三菱自動車は、この度の燃費試験における不正行為を重く受け止め、新たな経営体制のもとでガバナンス、内部統制、コンプライアンスの抜本的な改革、そして企業の成長と企業価値向上の実現に向けて取り組んでいく所存です。

リコール隠し事件からの歩み

今回の燃費不正の前に起きたリコール隠しによって経営危機に陥った三菱自動車は、どのようにして再生への道を歩んでいたかをまず振り返っておきます。

2004年7月までに三菱重工、三菱商事、東京三菱銀行（現在の三菱東京UFJ銀行）の三菱グループ主要3社による優先株引き受けなど資本増強の支援策が固まり、債務超過転落回避のメドはつきました。続いて2005年1月には新経営陣の下で「三菱自動車再生計画」が発表され、同社はそれまでの軽自動車から大型トラックまでの車種フルラインアップ展開、世界展開という総花的経営から、「身の丈に合った」規模への事業縮小と、アジア、特にASEANを戦略的市場として位置づける経営に舵を切りました。

再生計画進展で財務的にはリハビリ完了

それから9年後の2013年3月期には経常利益・純利益で最高益を更新し、同年8月には累積損失が解消するなど再生計画は着実に進展してきました。

2013年11月には中期経営計画とともに「三菱自動車 資本再構築プラン」を発表、公募増資によって懸案の優先株処理にもメドがつき、2014年3月期には実に16年半ぶりに配当を再開（復配）することが決まり、財務的にはようやく過去の処理のメドをつけて「普通の会社」に戻りかけた矢先にまた今回の燃費不正事件が起きました。

燃費不正発覚前の決算期である2016年3月期まで3年間の三菱自動車の売上は2兆円強程度が続いていました。リコール隠し発覚前までは4兆円近い売上があったので、売上規模は当時からほぼ半分弱に縮小したことになります。

年間販売台数はリコール隠し前にはコンスタントに150万～160万台（連結から外したトラック・バスを含むと160万～170万台）程度でしたが、最近3年間ではほぼ100万台の規模に落ち着いています。

なお、三菱ふそうトラック・バスは2003年1月に三菱自動車の連結から外れています。現在でも同社は社名に三菱を冠し、そのトラックなどは三菱のスリーダイヤをつけていますが、もはや連結対象外なので三菱自動車の連結業績には関係しません。同社は現在89％を出資するドイツ・ダイムラーの子会社です。

リコール隠しによる混乱ピーク

燃費不正による混乱ピーク

〈図表D〉三菱自動車　連結業績　　単位：100万円、%

	2004年3月期	2014年3月期	2015年3月期	2016年3月期	2017年3月期見込み（1月時点）
販売台数（小売）（万台）	152.7	104.7	108.9	104.8	92.1
売上	2,519,449	2,093,409	2,180,728	2,267,849	1,890,000
営業利益	▲ 96,852	123,434	135,913	138,377	1,000
営業利益率	▲ 3.8%	5.9%	6.2%	6.1%	0.1%
当期純利益	▲ 215,424	104,664	118,170	72,575	▲ 202,000
					（以下2016年12月末実績）
総資産	2,029,035	1,543,890	1,582,802	1,433,725	1,556,160
自己資本	29,972	540,532	658,652	671,147	676,604
自己資本比率（自己資本／総資産）	1.5%	35.0%	41.6%	46.8%	43.5%
ROE（当期純利益／自己資本）	▲ 718.8%	19.4%	17.9%	10.8%	▲ 29.9%
					以下2016年4～9月実績
営業キャッシュフロー	▲ 1,449	210,443	177,008	197,691	▲ 59,837
投資キャッシュフロー	46,828	▲ 81,352	▲ 71,327	17,169	▲ 37,996
財務キャッシュフロー	56,674	▲ 82,083	▲ 131,494	▲ 122,917	▲ 1,028
現金残高	181,911	411,695	395,526	462,440	342,628

大幅な赤字転落

2,020億円の純損失で自己資本も大きく毀損したが日産の資本参加で再上昇

出所）三菱自動車IR資料より作成、コメントは筆者
注）会計基準は日本基準

営業CFがマイナスに（販売不振・赤字反映）

リコール隠し事件混乱ピーク、売上が前年3.9兆円から2.5兆円に激減、大幅赤字転落、自己資本比率1.5%と債務超過寸前で存亡の危機

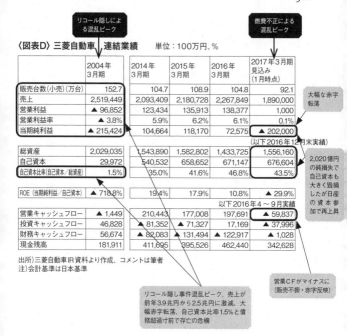

リコール隠しによる混乱ピーク期

日本、北米での販売台数は事件前と比べ半減以下

燃費不正による混乱ピーク期

〈図表E〉三菱自動車 所在地セグメント別

単位：億円、%

	2004年3月期	2014年3月期	2015年3月期	2016年3月期	2017年3月期見込み（1月時点）
日本					
販売台数(小売)(万台)	35.8	14.3	11.5	10.7	7.5
売上	6,213	4,741	4,453	4,129	3,100
営業利益	▲353	9	20	▲24	▲330
営業利益率	▲5.7%	0.2%	0.4%	▲0.6%	▲10.6%
北米					
販売台数(小売)(万台)	27.3	9.7	11.7	13.5	14.1
売上	6,007	2,294	2,758	3,248	2,900
営業利益	▲1,474	▲38	5	62	▲130
営業利益率	▲24.5%	▲1.7%	0.2%	1.9%	▲4.5%
欧州					
販売台数(小売)(万台)	21.4	20.2	22.7	20.6	17.7
売上	6,619	4,843	5,144	5,146	4,300
営業利益	235	372	391	221	▲250
営業利益率	3.6%	7.7%	7.6%	4.3%	▲5.8%
アジア					
販売台数(小売)(万台)	49.6	34.4	34.4	32.2	31.6
売上	6,354	4,157	4,245	4,826	4,200
営業利益	623	598	566	749	460
営業利益率	9.8%	14.4%	13.3%	15.5%	11.0%

注 2004年3月期 アジアの売上、営業利益(率)は「アジア」と「その他」の合計

その他(中東・アフリカ、オセアニア、中南米)	2004年3月期	2014年3月期	2015年3月期	2016年3月期	2017年3月期見込み（1月時点）
販売台数(小売)(万台)	17.7	26.2	28.7	28.3	21.2
売上		4,899	5,207	5,329	4,400
営業利益		293	377	376	260
営業利益率		6.0%	7.2%	7.1%	5.9%

燃費不
の影響は
本市場
最大(台
激減、大
な赤字)

欧米の赤字転落は円安が主因

稼ぎ頭の
ジアでは
件後も黒
を維持

出所）三菱自動車IR資料より作成、コメントは筆者
注）会計基準は日本基準

日本はほとんど利益貢献なし、北米・欧州も赤字

リコール隠し事件から三菱自動車が再生してきた過程で注目すべきは所在地セグメント別の変化です。地域は日本、北米、欧州、アジア、その他の5つに分かれています。

まずホームマーケットの日本です。リコール隠し前には年間三十数万台（トラック・バスまで含めれば40万台程度）を記録していた日本での販売台数は最近では10万台程度に大きく落ち込んでいます。連結100万台のうち、日本での販売は1割に過ぎません。

日本での営業利益率は2016年3月期まで0・2%→0・4%→▲0・6%と推移しており、利益にはほとんど貢献していません。

海外市場はどうでしょうか。かつて日本と並んで30万台程度を販売していた北米市場も年間十数万台程度に大きく縮小し、営業利益率も▲1・7%→0・2%→1・9%と低水準が続いています。

欧州市場では直近でもおよそ20万台程度の販売と、かつての規模と大差はなく、

２００億～３００億円台の営業利益貢献があります。

「アジア」と「その他新興国」で利益を稼ぐ

このように、先進国市場では欧州を除いて日本、米国も厳しい状況にある中で、大きく利益に貢献して会社の再生を引っ張ってきたのが新興国、具体的には「アジア」と「その他（中東・アフリカ、オセアニア、中南米）」です。

アジアの販売台数は最近3年間でコンスタントに30万台あまりと所在地セグメント別の中で最多販売数を記録しています。それ以上に利益貢献も大きく、毎年６００億～７００億円の営業利益を稼ぎ出しています。連結営業利益が１２００億～１３００億円ですから、**利益の半分強はアジアで稼いでいる**ことになります。

アジアに次いで好調なのが「その他（中東・アフリカ、オセアニア、中南米）」です。毎年二十数万台を販売し、営業利益は３００億円台を続け、アジアに次ぐ利益貢献を果たしています。すなわち**三菱自動車にとって「アジア」・「その他」は、連結ベースで販売台数の6割、売上で半分近くを占めるにとどまらず、営業利益貢献では連結の8割程度、1000億円程度を稼ぐ重要市場なのです。**

こうして三菱自動車はアジアなど新興国を中心とする市場で着実に利益を稼ぐ体質に変換し、リコール隠しによる経営危機から再建がほぼ完了したそのタイミングで、今度は燃費不正というまたもや大きな不祥事を起こしたわけです。

燃費不正事件の決算書へのインパクト

リコール隠しに次ぐ2度目の大きな不祥事に経営不安が広がる中、前述のように2016年5月12日（不正発覚からわずか22日後）には日産自動車が三菱自動車に34%出資し、筆頭株主として三菱自動車の経営再建にあたることが、日産自動車ゴーン社長、三菱自動車益子会長（ともに当時）の会見で明らかになったことは関係者の不安を鎮める大きな効果をもち、株価は反発しました。

今回の燃費不正事件は三菱自動車の決算にどのような影響を与えたでしょうか。

第一報が明らかになったのは2016年4月20日でした。2016年3月期の決算発表は1週間後の4月27日に行われました。

通常であれば2016年3月期決算には（決算期末後に明らかになった）燃費不正問題は反映されませんが、案件の重大性をふまえ、5月25日になって2016年3月期決算の修正発表が行われました。

燃費不正事件を受けて「燃費試験関連損失」191億円を「修正後発事象」として反映したのです。「修正後発事象」というのは「決算日後に発生し、その実質的な原因が決算日現在において既に発生していて財務諸表を修正する必要がある会計事象」と定義されます。

この事後的な特別損失の認識によって、2016年3月期の純利益は891億円から725億円に修正されました。図表Dのデータは修正後のものです。

燃費不正事件の決算書への本格的な反映は2017年3月期（2016年4月から開始）になります。2017年2月時点、第3四半期（2016年4～12月）の決算発表までが済んでいます。この時点での2017年3月期の着地見込みは**販売台数が1割以上、売上は2割近く減少し、営業利益はほぼトントンに落ちこみ、純利益段階では実に約2020億円もの損失・赤字転落**になっています。主要因は燃費不正に関わる特別損失1597億円を計上したためです。

さらに気がかりなのは**赤字転落を受けて第2四半期までの営業キャッシュフローもマイナスに転落したこと**です。営業キャッシュフローがマイナスということは自動車を製造販売する本来のビジネスでキャッシュが入ってこず、流出していることを示します。

このように燃費不正発覚後の一年弱で、三菱自動車は財務的にも大きな打撃を受けていることがわかります。

日産の資本参加に救われる

2020億円もの巨額の純損失計上はその分、自己資本を毀損します。そのため自己資本は2016年3月末の6711億円から9月末の4101億円へと2600億円ほど減少し、自己資本比率も46・8%から34・9%へと10ポイント以上も急落しました。

34・9%という水準はまだ一般的には安全圏ではありますが、今後も同様の損失計上があれば経営が不安視される水準に近づいていくことも考えられます。

そうした中、日産自動車による三菱自動車への出資は2016年10月20日に払い込みが行われました。**払込金額は2373億円なので、これにより赤字で減少した自己資本の減少分のかなりがカバーされ、自己資本比率もこれにより再上昇**しました。

（12月末には43・5％）。日産自動車による資本参加がなかったら、スポンサーが見つかるかどうか含め、厳しい状況になっていたことは間違いありません。

大きく足を引っ張った日本市場

2017年3月期の地域別営業損益見込みは黒字を維持するのは「アジア」（460億円）、「その他（中東・アフリカ、オセアニア、中南米）」（260億円）だけになり、「日本」は330億円もの大幅な赤字に拡大します（主因は不正問題による販売の落ち込み、対象車ユーザーへの賠償金支払いなど）。

今回の燃費不正事件は、結果的に地域別には日本市場で最も大きな損失を発生させたことになります。

三菱自動車にとって、もともと日本市場はグローバル100万台のうち10万台程度の規模、かつ赤字か損益トントン程度の市場だったので、収益貢献はあまりなかったのですが、今回の事件で大きく足を引っ張ることになってしまいました。

地域別のデータから見ると、以前のリコール隠し事件からの再生をリードしたアジアは、今回の燃費不正事件を受けても依然として2ケタの営業利益率をマークしています。アジアの販売台数は2016年3月期に32万台、国別には中国の8万台がトップですが、インドネシア（7・6万台）、タイ（6・3万台）をはじめとするASEANでは21・4万台に達します。

これらをふまえると、2度目の三菱自動車の再生に向けては、ASEANで台数・利益をしっかり稼いだうえで、国内での燃費不正による出血をどう収束させるか、それに加えて筆頭株主となった日産とともに協業への取り組みがどのように進むかが注目されます。

2016年12月14日の臨時株主総会で日産自動車のゴーン社長が三菱自動車の会長に就任するなど日産自動車出身者に加え、三菱グループ各社出身者などによる新たな経営体制が発足し、三菱自動車生え抜き取締役は姿を消しました。なおゴーン氏は2017年4月に日産自動車の社長とCEO（最高経営責任者）を退き、日産自動車の会長に就任することが決まっています。

この章のポイント

前半でとりあげたソフトバンクとサントリーは、他でとりあげている企業と異なって現在「ヤバい」状態になっているわけではありません。

ただし、巨額買収は一時的には必ず財務体質を悪化させることには留意する必要があります（自己資本比率の低下、負債資本倍率の上昇など）。

また買収が思ったような効果をもたらさなかった場合には、買収で発生したのれん等の減損リスクなどが発生します。最近では第一三共がインドで、キリンがブラジルの買収失敗で損失を出しています。のれんの大きさに対して、安全弁となる自己資本の大きさとの比較をしておくことも必要です。

加えて買収先の企業・事業の業績をウォッチしておくことも重要です。海外企業買収の場合には、その海外企業の業績を日本からウォッチすることは簡単ではありませんが、四半期ごとに開示される情報から、買収された企業や事業の業績がどのように推移しているかを見ることによって、将来の減損発生リスクなどをある程度把握することが可能です。

後半の自動車メーカー2社については、フォルクスワーゲンは損失が出ても自己資本の厚さがそれをカバーしました。三菱自動車は、不正発覚直後に決まった日産自動車の出資によって救われたため経営危機にまでは発展しませんでした。

それでも両社のケースでは株価の大幅下落、赤字転落、自己資本の毀損などによって投資家が損害を被ったことは事実です。不祥事は突然明らかになるので、投資家は事前に察知する術はありません。

4章の「この章のポイント」でも記載したように、投資家など外部の利害関係者としてできることは、不正が発覚した際にはどれくらいの損失が予想されるのか、それが現時点の自己資本や現金残高に対してどの程度の大きさになりそうかを予測して、次の行動（保有株を売却するかどうかなど）を決めることです。

なお多くの企業不祥事のケースでは、不正行為の範囲が第一報で収まることはなく、時間の経過とともに範囲が広がっていくのが通例です。それとともに損失も大きくなりがちなことにも注意が必要です。

コラム

売上7割減でもヤバくならない任天堂の秘密

■なぜ、1年間で時価総額は46%も上昇したか？

２０１６年は任天堂が久しぶりに注目を集めた年でした。７月にリリースされたポケモンＧＯは世界でダウンロード数が５億件を超え日本でも社会現象となり、任天堂はじめ関係する企業の株価が急騰するなどの経済効果は「ポケモノミクス」と呼ばれました。

ポケモンＧＯ以外のニュースも多くありました。初めてスマホ向けのゲームアプリを投入（スーパーマリオランなど）。また、マリオのテーマパークエリアを大阪のＵＳＪ（ユニバーサル・スタジオ・ジャパン）などで展開することを発表するなど、これまでハードのゲーム機器にこだわっていた同社がその枠を超えていく方向性が見られた年でした。２０１７年３月に発売されたニンテンドースイッチも久しぶりの大型新商品として注目されています。

こうしたことを反映して2016年の1年間で任天堂の時価総額は46％も上昇しました。

ジェットコースターのように振幅の大きい業績

同社の歴史を振り返ってみます。

2004年（日米で11～12月）発売の携帯ゲーム機DS、2006年（日米欧で11～12月）発売の据置型ゲーム機Ｗｉｉが、相次いで世界的な大ヒットになります。結果、2005年3月期の売上5100億円あまり、営業利益1100億円あまりの業績は、ピークの2009年3月期には各々1・8兆円、5500億円へと**わずか4年間で劇的に伸長しました**。

この2009年3月期はリーマンショック（2008年秋）の直撃を受けた決算期でした。電機大手が軒並み赤字決算に沈む中で、最高益を更新した任天堂は「一人勝ち」で大きな注目を集めました。

しかしその後、DSやＷｉｉの需要も徐々に伸び悩んでいき、新たに投入された3DS（主要国で2011年2～3月発売）はある程度は売れたものの、

Ｗｉｉ Ｕ（日米欧で２０１２年11～12月発売）の販売は低迷します。

こうして任天堂の業績は下降傾向に入り、２０１２年３月期から３年連続で営業赤字、営業キャッシュフローもマイナス（本業でキャッシュが入ってこない）という厳しい時期を迎えます。一般に３期連続で営業赤字（このうち２期は純利益もマイナス）かつ、営業キャッシュフローがマイナス（キャッシュアウト）に陥った企業はバランスシートも傷め、**危険水域に近づいていると診断されるのが普通**です。

ところが任天堂は依然として無借金経営を続け、80％程度という高い自己資本比率を維持し続けています。売上がピークから７割も減り、３年連続営業赤字という「ヤバい」状態にあるはずの任天堂は、なぜ揺るがないのでしょうか。

■ＤＳ、Ｗｉｉの大ヒット

図表Ａには任天堂大躍進のきっかけとなったＤＳが発売された２００５年３月期から２０１６年３月期までの主要財務データをのせています。

ＤＳが大ブレークした２００７年３月期には続いてＷｉｉが発売され、これも大ヒットになっていきます。DS、Wiiの大ヒットの要因は、子供から高齢者まで、また女性も含めてこれまでゲームにあまりなじみのなかった層にも楽しく遊べるハードとソフトが提供されたことです。

DSの2画面によるディスプレイ、Wiiではプレーヤーの体の動きがゲームに反映される仕組みなども多くの人を引き付けました。

DSとWiiという大ヒット商品のダブル貢献により2006年3月期以降の売上は5000億円強→1兆円弱→1・6兆円→1・8兆円へとすさまじいスピードで伸びていきました。**売上数千億円もの企業がM&Aによらず、わずか3年程度で売上を2兆円近くにまで伸ばすというのは極めて異例**のことです。

この間には売上が急伸しているだけでなく、営業利益も純利益も最高益を更新し続けていました。注目すべきは営業利益率がこの間に17・7%→23・4%→29・1%→30・2%と上昇し続けたことです。この間、2008年3月期末のキャッシュフロー計算書の期末現金残高は1兆円を超えました。

3DS発売（期末）

Wii U発売するが不振

2010年3月期	2011年3月期	2012年3月期	2013年3月期	2014年3月期	2015年3月期	2016年3月期
1,434,365	1,014,345	647,652	635,422	571,726	549,780	504,459
356,567	171,076	▲ 37,320	▲ 36,410	▲ 46,425	24,770	32,881
24.9%	16.9%	▲ 5.8%	▲ 5.7%	▲ 8.1%	4.5%	6.5%
228,635	77,621	▲ 43,204	7,099	▲ 23,222	41,843	16,505

赤字基調に

1,760,986	1,634,297	1,368,401	1,447,878	1,306,410	1,352,944	1,296,902
886,995	812,870	462,021	478,761	474,297	534,706	570,448
365,326	358,206	496,301	424,540	320,918	380,587	338,892
1,252,321	1,171,076	958,322	903,301	795,215	915,293	909,340
71.1%	71.7%	70.0%	62.4%	60.9%	67.7%	70.1%
0	0	0	0	0	0	0
1,336,411	1,281,637	1,190,944	1,227,389	1,118,281	1,167,445	1,160,776
0.0	0.0	0.0	0.0	0.0	0.0	0.0
75.9%	78.4%	87.0%	84.8%	85.6%	86.3%	89.5%

一貫して金融資産が全体の7割程度

一貫して無借金かつ自己資本比率8割

17.1%	6.1%	▲ 3.6%	0.6%	▲ 2.1%	3.6%	1.4%

160,337	78,103	▲ 94,955	▲ 40,390	▲ 23,114	60,293	55,190
▲ 12,728	▲ 154,038	▲ 164,392	89,104	▲ 20,084	▲ 105,394	▲ 71,740
▲ 133,847	▲ 102,456	▲ 39,823	▲ 12,873	▲ 127,163	▲ 11,916	▲ 2,996
931,333	724,366	407,186	469,395	341,266	281,539	258,095

営業CFも3年マイナス

DS発売　Wii発売　業績ピーク

〈図表A〉任天堂　連結業績

単位：100万円、%

	2005年3月期	2006年3月期	2007年3月期	2008年3月期	2009年3月期
売上	515,292	509,249	966,534	1,672,423	1,838,622
営業利益	111,522	90,349	226,024	487,220	555,263
営業利益率	21.6%	17.7%	23.4%	29.1%	30.2%
当期純利益	87,416	98,378	174,290	257,342	279,089
総資産	1,132,492	1,160,703	1,575,597	1,802,490	1,810,767
現預金	826,653	812,064	962,197	899,251	756,201
有価証券	20,485	64,287	115,971	353,070	463,947
金融資産(現預金+有価証券)	847,138	876,351	1,078,168	1,252,321	1,220,148
金融資産(現預金+有価証券)比率	74.8%	75.5%	68.4%	69.5%	67.4%
有利子負債	0	0	0	0	0
自己資本	921,466	974,091	1,101,880	1,229,875	1,253,906
負債資本倍率(有利子負債／自己資本)(倍)	0.0	0.0	0.0	0.0	0.0
自己資本比率	81.4%	83.9%	69.9%	68.2%	69.2%
ROE(当期純利益／自己資本)	9.5%	10.1%	15.8%	20.9%	22.3%
営業キャッシュフロー	116,571	46,382	274,634	332,378	287,800
投資キャッシュフロー	▲11,716	▲208,807	▲174,603	233,206	▲174,363
財務キャッシュフロー	▲61,447	▲60,166	▲50,137	▲97,844	▲227,654
期末現金残高	792,727	617,139	688,737	1,103,542	894,129

現金1兆円突破

出所)任天堂IR資料より作成、コメントは筆者
注)会計基準は日本基準

■ピークから下降期、赤字継続へ

ところが2009年3月期をピークにDS、Wiiの販売も徐々にスローダウンしていきます。DSを3D化させた3DSが2011年3月期（日欧市場など）から発売されますが、DSほどの勢いはなく、またWii Uが2013年3月期に日米欧などの主要市場で発売されたものの、不振に終わります。

任天堂はこれまでの業績急伸から逆回転するように、売上と利益を急落させていきます。ピークの売上2009年3月期の1・8兆円から1・4兆円→1兆円→6400億円→6300億円→5700億円へと**5年間で7割もの売上減に見舞われます。**

この間2012年3月期から3年間にわたって営業赤字（うち2年間は純利益も赤字）かつ営業キャッシュフローもマイナス（キャッシュアウト）を記録し、任天堂の業績は暗転しました。

バランスシートから見る任天堂の特徴

ここからはこのコラムのテーマ、すなわち任天堂は7割もの売上減少にあってもなぜ依然として安定しているのかをバランスシートの特徴から見ていきます。任天堂のバランスシートの構成は左右ともかなり独特で、以下の2つに特徴がまとめられます。

①バランスシート右（負債・資本）側では、一貫して無借金（有利子負債ゼロ）であり、自己資本比率が8割程度と異様なほど高い水準が継続している

②バランスシート左（資産）側では、一貫して金融資産（現預金と有価証券）が7割程度と異様なほど高い水準が継続している。つまり資産の大部分が金融資産である

DSヒット前の2005年3月期、業績ピークの2009年3月期、直近の2016年3月期の3時点のバランスシートを図に示すと図表Bのようになりま

〈図表B〉 任天堂　バランスシートの変化

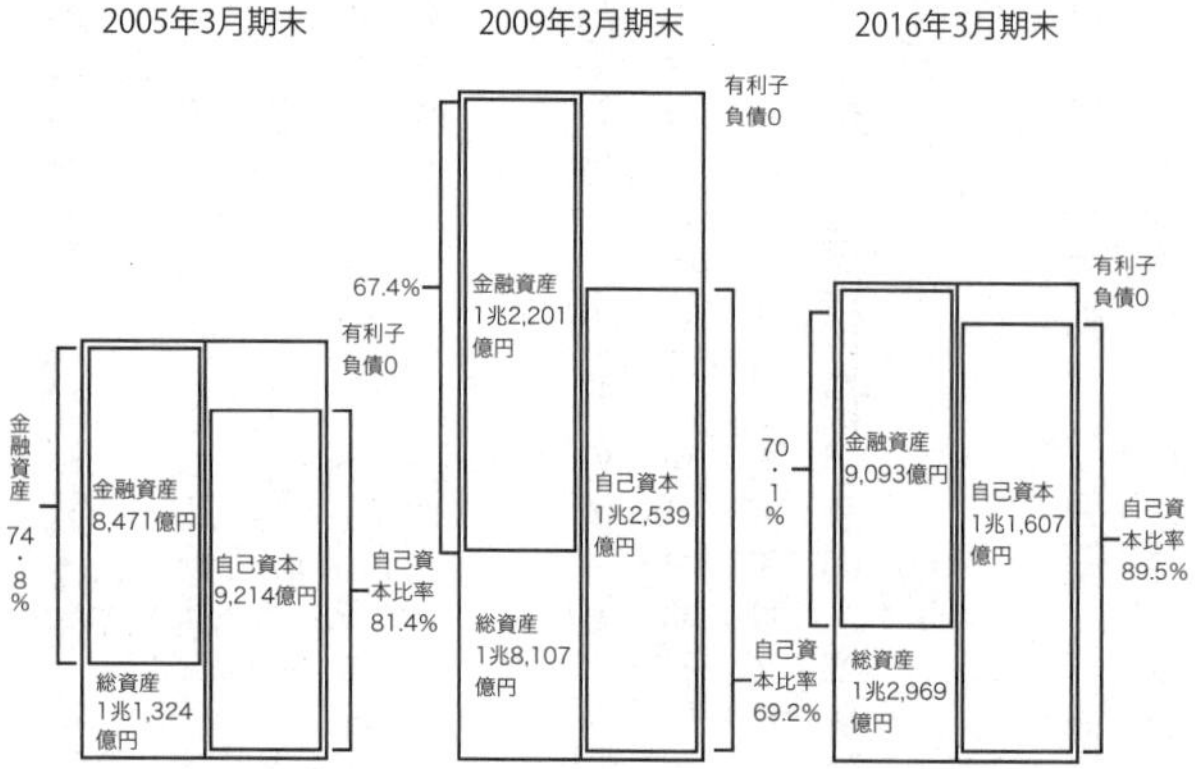

す。

総資産の大きさは業績ピーク時の２００９年３月期に大きくなっていますが、左右の独特の基本構造（金融資産の比率が７割＝近年では９０００億円程度、自己資本比率が９割弱程度＝近年では自己資本１兆円程度）はこの10年あまりを通じて、ほとんど変わっていないことに驚かされます。

■自己資本、現金を常に厚くもつ経営

少し前まで絶頂期にあった任天堂が２０１２年３月期から３期連続営業赤字、うち２期は純損失に陥った

ことは盛者必衰を示すかのようです。

しかし同社の**1兆円という厚い蓄え＝自己資本の前では、年間数百億円程度の純損失が発生しても、それが長期に継続するものでない限り、ほとんど影響を与えないのです。**

バランスシートの右側での厚い自己資本に対応しているのが、左の資産側で7割を占める金融資産（現預金と短期有価証券の合計）です。任天堂はゲーム機というハードを展開しているためメーカーとして認識されやすいですが、ゲーム機の実際の製造は自ら行わず、鴻海精密工業（シャープを買収）などに製造委託しています。

実際、2016年3月期の総資産1・3兆円のうち、有形固定資産はわずか870億円程度にすぎません。総資産の7割、9100億円（現預金5700億円、有価証券3400億円）を占めるのが金融資産です。この7割という比率は、10年あまりほぼ一貫して変わりません。

任天堂は日本有数のキャッシュリッチ企業なのです。キャッシュリッチ企業というと言葉の響きはいいかもしれませんが、株式市場関係者はむしろネガティブな言葉として使います。その意味するところは、「キャッシュをためこむばかりで、リスクをとって（設備投資やM&Aなど）成長しようとしない」とみなされるからです。

それなのになぜ任天堂は、業績のいい時も悪い時もこのバランスシートの構造（高い自己資本比率と金融資産比率）を維持し続けるのか。そこには経営の意思があると考えられます。

任天堂のビジネス領域はゲーム（ハードとソフト、最近はスマホアプリなども）です。ゲーム業界では、何が当たって何が当たらないか事前に判断することが難しく、浮き沈みが激しく、業績変動が大きいのが宿命です。こうした特性は食品、鉄道、電力、医薬などのような景気変動の影響を受けにくい安定的な業種と対照的です。

図表Aに示されているのはDS、Wiiの発売から大ヒット、その後現在に至る低迷期の業績推移ですが、同社はそれ以前の1980年代以降でも大きな浮沈を繰り返しています。

長年にわたって大きな業績変動にさらされてきた任天堂では、「今はヒットが

出て業績がよくてもいつまで続くかわからない。先のことはわからないから蓄えを十分に厚くもっておき、何が起きても大丈夫な強い財務体質でいる必要がある」という考えが支配的になったはずです。そのため、〝本能的に〟自己資本や現金など金融資産を常に厚くもち、安全性を最も重視する経営を行っているのではないかと考えられます。

■ポケモンＧＯの収益貢献は実は大きい

なお任天堂の決算書を見るうえで注意すべきポイントとして、ポケモンＧＯの収益反映について説明します。

２０１６年夏に世界で爆発的なブームとなったポケモンＧＯには任天堂が関わっているということで、同社の株価は一時急騰しました。日本ではポケモンＧＯの配信は7月22日の金曜日から行われ、この日までに任天堂の株価は急騰しましたが、同日の夕方に同社は「ポケモンＧＯの配信による当社の連結業績予想への影響について」という次のようなリリースを発表しました（意味を変えずに一部表現を変更。太字は筆者）。

ポケモンGOアプリは、米国Nianticが開発を行い配信しており、任天堂の関連会社である株式会社ポケモンはポケットモンスターの権利保有者としてライセンス料及び開発運営協力に伴う対価を受け取ります。

なお、株式会社ポケモンは、任天堂が議決権の32%を保有する持分法適用関連会社であるため、任天堂の連結業績に与える影響は限定的です。

この発表を受けて翌営業日となる7月25日の月曜日に任天堂株はストップ安まで下げました。多くの投資家がこのリリースを知り「なんだ、そうなんだ、期待はずれ」と売りに転じたためです。

ここで子会社（一般に出資比率過半数）、持分法適用関連会社（一般に出資比率20〜50%）のグループ会社の収益が、連結業績にどのように反映されるかを説明しておきます。

①子会社の収益は親会社の連結決算の売上、営業利益に原則合算（両社間の相互

取引は控除される）

②持分法適用関連会社の収益は親会社の連結決算の売上、営業利益には反映されない。出資比率に応じて純利益が、親会社の「営業外収益」として計上される、**すなわち経常利益段階で初めて収益が反映される**

「経常利益」＝「営業利益」＋「営業外収益」－「営業外費用」

「営業外収益」は「受取利息」「為替差益」「持分法投資利益」などから構成される

「営業外費用」は「支払利息」「為替差損」「持分法投資損失」などから構成される

※注　これは日本の会計基準に固有。ＩＦＲＳ、米国基準の会計では経常利益、営業外損益の概念はない

任天堂にとって、株式会社ポケモンは32％の株を保有する持分法適用関連会社です。仮に株式会社ポケモンが年間３００億円の純利益をあげれば、その32％に

相当する96億円が任天堂の「持分法による投資利益」（「営業外収益」の構成要素）として、経常利益段階で加算されることになります。

２０１７年３月期の第３四半期決算（２０１６年４～12月）では、この９カ月間の持分法投資利益（営業外収益）は１６７億円と、前年同期の16億円から激増しました。

この増分１５１億円の大半がポケモンＧＯからと仮定すると※、２０１７年３月期通期では、ポケモンＧＯの経常利益段階での貢献は２００億円程度になると考えられます。２０１６年３月期の経常利益は２８７億円でしたから、「業績への影響は限定的」といっても、けっこう大きな利益貢献につながっていることがわかります。

※注　決算短信では「株式会社ポケモンなどに係る持分法による投資利益１６７億円」と説明されている

日経ビジネス人文庫

ヤバい決算書《けっさんしょ》

2020年10月1日　第1刷発行

著者
長谷川正人
はせがわ・まさと

発行者
白石 賢

発行
日経BP
日本経済新聞出版本部

発売
日経BPマーケティング
〒105-8308 東京都港区虎ノ門4-3-12

ブックデザイン
鈴木成一デザイン室

本文DTP
朝日メディアインターナショナル

印刷・製本
中央精版印刷

Printed in Japan　ISBN978-4-532-19985-2